VR- UND GL-PRAXIS

Herausgegeben vom
International Center for Corporate Governance
(www.icfcg.org)

: Haupt

Roman Lombriser

Strategische Führung auf VR- und GL-Ebene in KMU

2. Auflage

HAUPT VERLAG

2. Auflage: 2018
1. Auflage: 2015

Bibliografische Information der *Deutschen Nationalbibliothek*

Die Deutsche Nationalbibliothek verzeichnet diese Publikation
in der Deutschen Nationalbibliografie; detaillierte
bibliografische Daten sind im Internet über http://dnb.dnb.de abrufbar.

Der Haupt Verlag wird vom Bundesamt für Kultur mit einem Strukturbeitrag
für die Jahre 2016–2020 unterstützt.

ISBN 978-3-258-08082-6

Alle Rechte vorbehalten.
Copyright © 2015 Haupt Bern
Jede Art der Vervielfältigung ohne Genehmigung des Verlages ist unzulässig.
Gestaltung und Satz: Daniela Vacas
Printed in Austria

www.haupt.ch

Inhaltsverzeichnis

Vorwort 1
Worum geht es in diesem Buch? 1
An wen richtet sich dieses Buch? 4

0 Einleitung: Plädoyer für den strategischen Verwaltungsrat 5
   0.1 Ausgangslage 6
       Strategische Führung in KMU: Wunschvorstellungen 6
       Realität in der Praxis 9
       Nutzen der strategischen Führung 14
       Herausforderungen in der strategischen Führung von KMU ... 15
       Fazit: strategische Führung als Kernaufgabe der VR 17
   0.2 Zielsetzung: VR als Gestaltungs- und Controlling-Team 18
   0.3 Vorgehen: das integrierte VR*Strategiekonzept 19
   0.4 Unsere VR*Strategie-Studie 21

1 VR- & GL-Team:
strategische Kompetenzen, Aufgaben und Verantwortung 23
   1.1 Zusammensetzung und Kompetenzen 24
       Anzahl VR- und GL-Mitglieder 24
       Strategische VR- und GL-Kompetenzen 26
   1.2 VR-Mitglieder mit Exekutivfunktion 31
   1.3 Unabhängige Verwaltungsräte 36
       VR-Sekretär 39
   1.4 Strategische und operative Aufgaben von VR & GL 39
       Begriffsklärung: strategisch vs. operativ 40

STOP-Matrix: strategische und operative Aufgaben 40
Zuordnung strategischer und operativer Aufgaben in KMU ... 42
Behandlung spezieller Themen durch einzelne VR-Mitglieder . 44
VR-Ausschüsse in KMU 45
Formelle Regelung der Aufgabenteilung 47
1.5 Sicherung & Entwicklung zukünftiger Kompetenzen 48

2 Strategieprozess 51
2.1 Hauptphasen und Beitragsformen von VR und GL 52
Der Strategieprozess im Überblick 52
Grundsätzlicher Führungsansatz des VR im Strategieprozess .. 55
2.2 Die einzelnen Phasen im Strategieprozess 61
Formulierung der Eignerstrategie durch die Eigentümer 61
Entwicklung strategischer VR-Leitplanken 62
Strategie-Entwicklung 68
Strategie-Genehmigung (Prozess der Entscheidungsfindung) .. 70
Strategie-Umsetzung 72
Strategie-Kontrolle 72
Strategie-Review 74
2.3 Formelle Regelung des Strategieprozesses 76
2.4 Situative Elemente im Strategieprozess 77
2.5 Zeitliche Aspekte 79
Traktandierung der Strategie in VR- und GL-Sitzungen 80
2.6 Strategieberater 82

3 Strategische Instrumente 84
3.1 Strategische Relevanz allgemeiner Management-Instrumente .. 85
3.2 Grundsätzliche Methodik des Strategischen Management 87
3.3 Instrumente für Eignerstrategie und VR-Leitplanken 89
3.4 Instrumente zur Strategie-Entwicklung 89
3.5 Instrumente zur Strategie-Genehmigung 98
3.6 Instrumente zur Strategie-Umsetzung 99

3.7 Instrumente zur Strategie-Kontrolle 102
Schlüsselkennzahlen für die Strategie-Kontrolle 104

4 VR- & GL-Zusammenarbeit. 108
4.1 Träger der Kommunikation (Wer mit wem?) 113
4.2 Ziele der Zusammenarbeit 114
4.3 Mittel und Voraussetzungen der Zusammenarbeit 115
Vertrauen 115
Informationen und schriftliche Berichterstattung 116
4.4 Methodik der Zusammenarbeit. 118
VR-Präsident und CEO:
Schlüsselpersonen in der Zusammenarbeit 119
Zusammenarbeit während und ausserhalb VR-Sitzungen 122
Die Kunst des strategischen Dialogs 125
4.5 Gezieltes Feedback für VR- und GL-Mitglieder 135

5 Strategie 139
5.1 Unternehmensstrategie (Geschäftskonzept). 141
5.2 Positionierung. 144
5.3 Schüsselprozesse und Kernkompetenzen 148
5.4 Innovations- und Investitionsprojekte 150
5.5 Organisationsentwicklung 151
5.6 Strategische Ziele. 152
5.7 Dokumentation der Strategie 152
5.8 Beurteilung einer Strategie aus VR-Sicht 156
STOP-Projektportfolio 158

6 Schlussfolgerungen 160

7 Checklisten und Musterformulare 161
1. Selbstevaluation zum Thema «VR- & GL-Team» 162
2. Selbstevaluation zum Thema «Strategieprozess» 163

3. Selbstevaluation zum Thema «Strategische Instrumente».. 164
4. Selbstevaluation zum Thema «VR- & GL-Zusammenarbeit» 165
5. Selbstevaluation zum Thema «Strategie»................ 166
6. Checkliste zur Sitzungsführung durch den VR-Präsidenten 167
7. Aufgaben / Kompetenz-Matrix auf VR- & GL-Ebene...... 168
8. VR-Leitplanken: Muster für strategische Richtlinien...... 170
9. Prozess «Grundsätzliche Strategieerarbeitung» für XY-AG 171
10. Prozess «Strategie-Review» für XY-AG 172
11. Strategie-Review:
    Muster für eine Einladung mit Programm 173

Danksagung... 176

Literaturverzeichnis 178

Zum Autor 182

Vorwort

Mit der Schriftenreihe «VR- und GL-Praxis» wollen wir die wichtigsten Untersuchungsergebnisse unseres International Center for Corporate Governance (www.icfcg.org) einem Fachpublikum vorstellen. Unser «New Corporate Governance» Ansatz beinhaltet folgende Empfehlungen:

– Keep it situational
– Keep it strategic
– Keep it integrated
– Keep it controlled

Worum geht es in diesem Buch?

Die hier vorliegende Schrift ist primär dem zweiten Grundsatz «Keep it *strategic*» zuzuordnen. Sie fokussiert sich auf die *strategische* Führung auf VR- und GL-Ebene in KMU und umfasst die Strategieentwicklung, -umsetzung und -kontrolle. Strategische Führung ist eine zentrale Aufgabe im Rahmen der Oberleitung durch den Verwaltungsrat. Ein wichtiger Beitrag des vorliegenden Buches liegt in der Klärung des Zusammenspiels zwischen Eigentümerstrategie, VR-Leitplanken und Unternehmensstrategie.

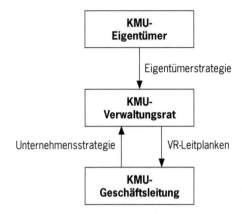

Abb. 0: Hauptakteure in der strategischen Führung von KMU

Vorwort

Der vorliegende Leitfaden dient als logische Ergänzung zum KMU*STAR-Navigator, einem in der KMU-Praxis bestens bewährten strategischen Planungs- und Umsetzungstool für KMU (*www.kmu-star.ch*).

Best Practice im KMU (BP-KMU)
www.icfcg.org (>«Board Guidlines»)

Der Fokus liegt hier vor allem auf der Rolle des Verwaltungsrats (VR) und dessen Zusammenarbeit mit der Geschäftsleitung (GL). Die im Leitfaden präsentierten Erkenntnisse konkretisieren die Empfehlungen der «Best Practice im KMU (BP-KMU)», die vom International Center for Corporate Governance auf Anregung von Bundesrätin Doris Leuthard entwickelt wurden.

Grundlage des Buches bildet ein über dreijähriges Forschungsprojekt, welches mittels diverser Umfragen und ausführlichen Interviews den Entwicklungsstand und die Best Practices der Strategiearbeit auf Verwaltungsrats- und Geschäftsleitungs-Ebene in Schweizer KMU untersuchte. Daneben profitiert die Schrift von der über 20-jährigen erfolgreichen Erfahrung, die der Autor als einer der führenden Strategieforscher und -berater in KMU sammeln konnte.

An wen richtet sich dieses Buch?[1]

Dieser Leitfaden richtet sich sowohl an Verwaltungsräte als auch an Geschäftsleitungen von KMU unterschiedlicher Grösse, welche als Leitungsteam gemeinsam die Zukunft ihres KMU aktiv gestalten wollen. Die Konzepte und Instrumente sind für gewinnorientierte Unternehmen und Non-Profit-Organisationen gleichermassen relevant. Die **Checklisten** im **Anhang** dienen der Evaluation und Weiterentwicklung der Strategiepraxis im eigenen KMU.

Weil sich dieses Buch an Praktiker richtet und leicht lesbar bleiben soll, beschränken sich die Literaturhinweise auf die wesentlichen Quellen.

St. Gallen, 1. Dezember 2014

Martin Hilb
Herausgeber der Schriftenreihe «VR- und GL-Praxis»

---

[1] Aus Gründen der Vereinfachung und besseren Lesbarkeit wird die männliche Form verwendet. Darin ist das weibliche Geschlecht grundsätzlich immer mit einbezogen.

0 Einleitung: Plädoyer für den strategischen Verwaltungsrat

In einer Diskussionsrunde des Schweizer Fernsehens zum Thema Corporate Governance (d.h. zur Unternehmensgestaltung und -aufsicht) erläuterte der CEO eines global führenden Headhunters die Aufgabenteilung zwischen Verwaltungsrat (VR) und Geschäftsleitung (GL) in Schweizer Unternehmen wie folgt: «Es ist doch ganz einfach: der VR *macht* die Strategie, die Geschäftsleitung *setzt sie um*!»

Spricht man mit GL- und VR-Mitgliedern von Schweizer Unternehmen über diese Rollenaufteilung, ist die Sache plötzlich nicht mehr so klar. Denn was genau heisst «Strategie machen»? Entwickelt der VR die Strategie wirklich selber (und wenn ja: in welchem Detaillierungsgrad)? Oder gibt er nur die notwendigen Leitplanken vor, welche die GL bei der Erarbeitung von Vorschlägen berücksichtigen muss? Oder geht es letztlich nur um eine Genehmigung und Kontrolle der von der GL vorgeschlagenen Strategie? Und wie unterscheiden sich in diesem Strategieprozess die klein- und mittelständischen Unternehmen (KMU) von Grosskonzernen?

Selbst der oben zitierte CEO konstatierte in der gleichen Diskussionsrunde, dass die konkrete Arbeitsteilung in der Realität doch häufig für Diskussionsstoff sorgt. Die folgenden Kapitel sollen den Verantwortlichen von KMU helfen, diese Fragen für die eigene Situation selber zu klären.

Begriffsklärung: der Klarheit halber folgen hier die Definitionen der wichtigsten zwei Begriffe in diesem Buch:[2]

- **Strategische Führung** (oft auch Strategieprozess oder Strategisches Management genannt): von VR und GL getragener Prozess zur Gestaltung und Sicherung der Zukunft eines Unternehmens, bestehend aus Strategieentwicklung, -umsetzung und -kontrolle. Die letzte Verantwortung dafür liegt beim VR.

- **Strategie:** *formell* betrachtet beschreibt sie in Form eines strategischen Plans die wesentlichen Stossrichtungen, Ziele und Meilensteine zur Gestaltung und Sicherung der Unternehmenszukunft; *inhaltlich* betrachtet bezieht sie sich auf die (möglichst einzigartige) Positionierung im Markt, die dabei erzielten Wettbewerbsvorteile sowie die dazu erforderlichen Kernkompetenzen.

0.1 Ausgangslage

Wir zeigen in diesem Unterkapitel zunächst die Ausgangslage unseres Buches auf:

- Welche Wunschvorstellungen zur strategischen Führung bestehen?
- Wie gut erfüllt die KMU-Praxis diese Vorstellungen?
- Welchen Nutzen bietet die strategische Führung in KMU?
- Welche Herausforderungen sind dabei zu bewältigen?

Anschliessend stellen wir das Ziel (Kapitel 0.2) und grundsätzliche Vorgehen (Kapitel 0.3) unseres VR*Strategiekonzept (Kapitel 0.3) vor und schliessen das Kapitel mit einer kurzen Vorstellung unseres Forschungsprojekts ab.

Strategische Führung in KMU: Wunschvorstellungen

Wunschvorstellungen zur strategischen Führung in KMU finden sich sowohl in Gesetzesbestimmungen («hard laws») und Best-Practice-Empfehlungen («soft laws»), wie auch in der KMU-Praxis selber.

---

2 vgl. Lombriser et al. (2011, S. 23)

Hinter *Gesetzesbestimmungen* und diversen *Best-Practice-Empfehlungen* stecken bestimmte Idealvorstellungen zur strategischen Führung und Kontrolle von Unternehmen. Im vielzitierten Art. 716a des Schweizerischen Obligationenrecht wird als erste unübertragbare und unentziehbare Aufgabe des Verwaltungsrates die Oberleitung und die Erteilung der nötigen Weisungen genannt. Interessant ist, dass der Begriff «Strategie» bei der Abhandlung zum Verwaltungsrat im gesamten Obligationenrecht unerwähnt bleibt. Erst in den einschlägigen Kommentaren zum OR wird er verwendet. Gemäss diesen Expertenmeinungen kann unter *Oberleitung* folgendes verstanden werden:[3]

- Entwicklung der normativen und strategischen Ziele der Gesellschaft.
- Festlegung der für die Zielerreichung notwendigen finanziellen und strukturellen Mittel.
- Sicherstellung der für die Zielerreichung erforderlichen Organisation (Aufbau- und Ablauforganisation; Zuteilung und Abgrenzung von Kompetenzen und Verantwortungen).
- Aufrechterhaltung und Kontrolle des Gleichgewichts von unternehmerischen Zielen und finanziellen Mitteln.
- Leitplanken für die GL, wie die Ziele zu verfolgen und Mittel einzusetzen sind.

Auch wenn sich Experten oft nicht einig sind, was genau unter einem strategischen Ziel, den notwendigen Mitteln oder der erforderlichen Organisation zu verstehen ist, herrscht in einem wesentlichen Punkt Einigkeit: die **Verantwortung** dafür, dass im Unternehmen eine **Strategie** festgelegt und kontrolliert wird, liegt letztlich **beim VR**. Dies bedeutet jedoch nicht, dass der VR die Unternehmensstrategie im Detail selbst zu entwickeln oder gar umzusetzen hat, was auch in den **Best-Practice-Empfehlungen** für KMU des ICfCG zum Ausdruck kommt:[4]

---

3 vgl. Mommendey (1994), Böckli (1994), Dubs (2006), Hilb (2010)
4 ICfCG (2009, 2.3)

- Der VR ist das strategische Organ des KMU. Er erteilt die strategischen Vorgaben, genehmigt die Unternehmensstrategie und kontrolliert deren Umsetzung.
- Die GL entwickelt die Unternehmensstrategie und setzt sie um.
- Der VR delegiert die operative Geschäftsführung an die GL.
- In Krisensituationen muss sich der VR besonders intensiv mit dem Unternehmen beschäftigen, diesem die zusätzlich erforderliche Zeit widmen und wenn notwendig auch situationsgerecht operativ eingreifen.

Zwischenfazit 1: gemäss «hard and soft laws» muss der VR die Strategie also nicht – wie nach der Meinung des Eingangs erwähnten CEOs – «machen», aber er muss (z.B. über sinnvolle Leitplanken) sicherstellen, dass das KMU über eine nachhaltig ausgerichtete Strategie verfügt, diese mit adäquaten Mitteln umgesetzt und regelmässig überprüft wird. Wie aktiv sich der VR in der Ausführung der einzelnen Tätigkeiten engagieren und wie er am besten die strategische und operative Aufgabenteilung mit der GL vornehmen soll, hängt vom unternehmensexternen und -internen Kontext ab. Jedes KMU muss dies situativ für sich selbst klären. Eine (starre) gesetzliche Regelung oder Best-Practice-Empfehlung wäre darum in vielen Fällen nicht zielführend. Es gilt vielmehr den von den «hard and soft laws» gebotenen Spielraum auszunützen. Einer der wichtigsten Grundsätze unseres Ansatzes lautet daher: **«Keep it situational»**!

Wunschvorstellungen in der KMU-Praxis: Die Interviews in unserer Studie (vgl. unten) zeigen, dass auch viele VR- und GL-Mitglieder persönlich gefärbte Wunschvorstellungen und Erwartungen zur strategischen Rolle von VR- und GL-Teams haben. Dies zeigt sich in folgenden typischen Aussagen:

«Strategie, d.h. deren Festlegung und Überprüfung ist eine, wenn nicht die wichtigste Aufgaben des VR» *(CEO und VR eines KMU der IT-Branche)*

«Der VR hat die Pflicht, die Leitplanken zu definieren, damit die GL weiss, in welche Richtung sie die Strategie entwickeln und umsetzen soll.» *(VR-Präsident eines grösseren KMU der Textilbranche)*

«Der VR muss die Interessen und Vorstellungen der Eigentümer vertreten und dabei die grundsätzliche strategische Richtung vorgeben, in VR-Sitzungen die strategischen Belange gebührend gewichten, die GL mit der Strategieentwicklung beauftragen und ab und zu zurücklehnen und fragen: Was, d.h. welche Werte, Leistungen, Visionen oder Ergebnisse wollen wir eigentlich erreichen? *(Ex-CEO mehrerer KMU und heutiger Strategieberater)*

«Hauptaufgabe des VR ist das Aufzeigen von Leitlinien, wohin es gehen soll. Welche Märkte? Wie wollen wir wachsen? Und er muss als Sparringspartner des Geschäftsführers für wichtige Investitionen fungieren.» *(CEO eines KMU der Elektronik-Branche)*

Zwar mögen sich die Praxisvertreter bezüglich der konkreten strategischen Aufgabenteilung zwischen VR und GL nicht in allen Belangen einig sein (insbesondere was die Strategie*entwicklung* betrifft), für die meisten ist aber klar, dass die strategische Verantwortung für das Unternehmen beim VR liegt.

Realität in der Praxis

Unser mehrjähriges Forschungsprojekt zur strategischen Führung in KMU zeigt, dass vielerorts noch eine deutliche Diskrepanz zwischen den Wunschvorstellungen betroffener GL- und VR-Mitglieder und der Realität in der Praxis herrscht. Dies verdeutlicht das VR-Praxisbeispiel 1.

VR-Praxisbeispiel 1: Strategische Führung

Ein mittelgrosses Unternehmen der Gesundheitsbranche sieht sich verstärkt mit externen Herausforderungen (Gesetzgebung, verschärfte Konkurrenzsituation) konfrontiert. Der insgesamt mit neun lokalen Politikern und externen Gesundheitsexperten prominent besetzte VR erteilt darum der GL Anfangs Januar den nicht näher spezifizierten Auftrag, zusammen mit einem vom VR ausgewählten Berater eine Strategie als Antwort auf die zukünftigen Herausforderungen auszuarbeiten.
In mehreren durch den Berater moderierten Workshops erarbeitet anschliessend eine Arbeitsgruppe (bestehend aus GL- und ausgewählten Kadermitgliedern) über mehrere Monate engagiert ein detailliertes 40-seitiges Papier, in der ein Strategievorschlag und die wichtigsten Umsetzungsmassnahmen formuliert werden.
Die Präsentation des Strategiepapiers durch die Arbeitsgruppe im Spätsommer führt zu heftiger Kritik seitens des VRs: die in der SWOT-Analyse[5] aufgeführten Punkte seien z.T. unvollständig oder unrealistisch, auf wichtige (externe) Themen biete die Strategie gar keine Antwort und der Zeithorizont der vorgeschlagenen Stossrichtung sei viel zu kurzfristig ausgerichtet. Zudem seien die im Papier formulierten Umsetzungspakete viel zu wenig konkret.

Resultat:

- die enttäuschte und frustrierte GL muss bis Ende Jahr das Papier überarbeiten
- der Berater zieht sich aus dem Prozess zurück
- das Vertrauensverhältnis zwischen GL und VR ist erheblich gestört
- das Unternehmen verliert in der strategischen Arbeit ein ganzes Jahr.

Wichtigste Erkenntnisse aus diesem VR-Fall:

- klare Leitplanken zum Prozess und Inhalt der Strategie seitens des VRs sind wichtig
- ein gemeinsames Verständnis zum Thema «Strategie» zwischen VR und GL ist erfolgsentscheidend; die Verantwortung dazu liegt beim VR (und kann nicht an die GL oder gar Berater delegiert werden)
- der Prozess muss in sinnvolle Phasen aufgeteilt werden (z.B. keine Vermischung von Leitplanken, Strategieentwicklung und -Umsetzung); die Rolle des VR in jeder Phase muss dabei im Voraus klar definiert werden
- oft liegt die strategische Verantwortung des VR nicht nur in einer «passiven» Prüfung von Strategievorschlägen, sondern auch in der Leistung konstruktiver Gestaltungsbeiträge.

---

5 Analyse der Stärken / Schwächen, Chancen / Gefahren

Die Auswertung unserer Umfrage und Interviews ergibt folgendes Bild:
- rund ein Viertel aller schriftlich befragten Führungskräfte sind *nicht* zufrieden mit der strategischen Führung und mit der Aufteilung strategischer Tätigkeiten zwischen VR und GL in ihrem KMU; persönliche Interviews mit weiteren VR- und GL-Mitgliedern aus Schweizer KMU deuten darauf hin, dass die «Dunkelziffer» wohl um einiges höher liegt.[6]
- die **grössten Defizite** in der strategischen Führung durch den VR liegen aus Sicht *aller* schriftlich befragten Führungskräfte bei:
  1. der frühzeitigen Warnung vor strategischen Risiken
  2. den Markt / Konkurrenz-Kenntnissen
  3. der proaktiven Vorgabe der strategischen Richtung.
- insgesamt bestehen in der Einschätzung zwischen GL-Mitgliedern und Verwaltungsräten deutliche Differenzen. So bewerten die betroffenen *GL-Mitglieder* die strategische Führung des KMU deutlich kritischer und vermissen bei ihrem VR häufig auch die unterstützende Rolle des «Sparringspartners für Strategie», das strategische Denken und eine konsequente Strategiekontrolle.

Die **Unzufriedenheit** mit der strategischen Führung des VR zeigt sich in folgenden Aussagen:

«Ich hätte einen VR gebraucht, der mit mir zusammen über die Unternehmensentwicklung nachdenkt. Aber der VR war eine Farce, traf sich zum Kaffee, ging nach Mailand; nicht wegen unserer Vertretung dort, sondern um gut zu essen. Mit unserer GL konnte die Firma auf 20 Mio. wachsen, aber dann gelangten wir an einen Punkt, wo wir überlegen mussten, wie weiter. Da hätte ein guter VR mit uns zusammen über die weiteren Wachstumsstrategien und deren Vorteile und Risiken nachdenken sollen. Aber von deren Seite her kam absolut nichts!» *(Ex-CEO eines KMU aus dem Apparatebau)*

---

6 lässt sich damit erklären, dass die Teilnehmer der schriftlichen Befragung Mitglieder des VR-ERFA-Netzwerkes des ICfCG sind und dabei vorwiegend KMU vertreten, welche viele der KMU-Best-Practice-Empfehlungen bereits umgesetzt haben.

«Unsere Strategie existiert zwar vielfach in den Köpfen, ist aber nicht wirklich sauber und klar schriftlich fixiert. Darum diskutiert unsere GL mit dem VR immer wieder über das Gleiche, völlig unstrukturiert. Wir drehen uns im Kreis. Und am Schluss kriegen wir nur unklare, vage Aufträge!» *(GL-Mitglied eines KMU der Metallverarbeitung)*

«Ich hatte einen völlig inkompetenten VR. Ich war als CEO und Delegierter des VR ganz frei; der VR hatte null Strategie. Man kann sich das gar nicht vorstellen. Das erste Traktandum bei einer VR-Strategiesitzung war, wieso am Freitagmittag der Pouletwagen auf unserem Werksgelände sei. Ich musste darauf hinweisen, dass dies höchstens ein Thema unter Varia sei, aber sicher nicht ein strategisches ...» *(Ex-Turnaround-Manager eines KMU der Getränkeindustrie)*

Kritik kommt aber nicht nur seitens der GL-Mitglieder. Auch Verwaltungsräte sind oft enttäuscht oder gar frustriert über den mangelnden strategischen Einfluss, den sie als oberstes Gremium ausüben:

«Als externer VR versuche ich zwar, die Aussensicht einzubringen, vor allem auch in Fragen zur Wachstumsstrategie. Unsere GL ist mit sehr erfolgreichen und erfahrenen Führungskräften besetzt und geniesst das volle Vertrauen unseres VR-Präsidenten; mittlerweile sind sie jedoch so ‹beratungsresistent› geworden, dass seitens des VR ein konstruktiver Input weder gefragt noch möglich ist. Uns fehlt ein systematischer Prozess in dem wir mit der GL offen über strategische Herausforderungen diskutieren können.» *(externer VR eines KMU-Dienstleisters)*

Nebst den direkt betroffenen GL- und VR-Mitgliedern decken auch die Interviews mit Governance-Experten wichtige **Problembereiche** auf:

- **Die Bedeutung der Strategie wird unterschätzt.** Vor allem in kleineren KMU oder dort wo Aktionäre gleichzeitig VR- und GL-Mitglieder sind, wird die Bedeutung bzw. der Nutzen der Strategie nicht erkannt. Wenn man sich dann doch einmal zur Terminierung einer Strategietagung durchringt, wird diese nicht selten aufgrund der operativen Hektik kurzfristig wieder abgesagt.

- **Mangelhaftes oder fehlendes gemeinsames Strategieverständnis.** Oft fehlt ein klares, von VR und GL gemeinsam getragenes «Strategie»-Konzept:

  «Mit Blick auf unsere Kunden drückt der Schuh v.a. dort, wo der VR nicht strategisch handelt, sondern sich vorwiegend operativ einmischt. Wenn er z.b. als VR eines Bergbahnunternehmens über die Öffnungszeiten der Lifte oder die Routen der Pistenmaschinen debattiert, weil das vermeintlich ‹strategisch› wichtig ist. Ich vermute die Mehrheit aller KMU haben nicht wirklich eine Strategie, die einen solchen Namen verdient!» *(CEO eines national tätigen Treuhandunternehmens)*

- **Mangelnde Methodenkenntnisse und unklare Rollenaufteilung.** In vielen KMU fehlt sowohl im VR wie auch in der GL das fachliche Knowhow für die Strategieentwicklung und -umsetzung. Unklar ist zudem, wer in den verschiedenen Prozessphasen welche Rolle spielen soll:

  «Es gibt VR, die das Gefühl haben, wenn man die vier Kästchen der SWOT ausfülle, habe man die Strategie. Da braucht es viel Vorarbeit, auch von der GL. Der VR hat dann v.a. auch die Aufgabe, gute und konstruktive Fragen zu stellen.» *(Governance-Experte)*

- **Ungenügende zeitliche Investition.** Oftmals dienen die zeitlichen und personellen Engpässe als Ausrede für die fehlende strategische Arbeit in KMU. Dabei wird übersehen, wie viel Hebelwirkung ein pragmatisch ausgerichteter Strategieprozess gerade auch in KMU erzeugen kann:

  «Ich habe Unternehmen erlebt, welche die Strategie einmal im Jahr an der VR-Sitzung kurz nebenbei behandeln: ‹Heute steht auf der Traktandenliste Strategie: o.k., es hat sich nichts geändert, machen wir so weiter›. Da ist man sich nicht bewusst, was ein Strategieprozess überhaupt erfordert.» *(mehrfacher VR-Präsident)*

- **Fehlende konstruktive Zusammenarbeit und Diskussion zwischen VR und GL.** Viele KMU sind heute mit vielfältigen strategischen Herausforderungen konfrontiert, die nur bewältigt werden können, wenn der

VR und die GL gemeinsam am selben Strick ziehen. Oft mangelt es hier jedoch aus falschem Harmoniebedürfnis an konstruktiv-kritischen Diskussionen.

- **Fehlende Promotoren für strategische Arbeit im VR.** Gerade wenn die Bedeutung der Strategie in der GL unterschätzt wird, benötigt es einen Verwaltungsrat, der das Unternehmen – z.B. mittels gemeinsamer Workshops – strategisch vorwärts treibt. Diese Rolle wird jedoch in vielen VR-Teams noch unterschätzt.
- **Fehlende Eignerstrategie oder strategische Leitplanken.** Die Vorgaben der Eigentümer sowie die darauf ausgerichteten Leitplanken des VR stecken den Rahmen ab, innerhalb dessen sich das KMU strategisch bewegen soll und ermöglichen der GL die notwendige Planungssicherheit. Oft führt die fehlende Trennung zwischen Eigner- und Unternehmensstrategie jedoch zu einer Vermischung unterschiedlicher Interessen («mein Sohn oder meine Tochter wird dann ...»), was eine langfristige Ausrichtung erschwert.

Zwischenfazit 2: in der strategischen Führung von KMU besteht vielerorts **Entwicklungsbedarf.** Dieser liegt vor allem im Erkennen des Stellenwerts der Strategiearbeit und in der Entwicklung eines gemeinsam getragenen Strategieverständnisses, in der Methodik des Strategieprozesses sowie in der optimalen Rollenaufteilung zwischen VR und GL.

Nutzen der strategischen Führung[7]

Wieso verdient die Strategiearbeit auch in KMU einen hohen Stellenwert? Die wirtschaftlichen Rahmenbedingungen vieler Unternehmen haben sich in den letzten Jahren deutlich verändert. Dazu zählen u.a. die Globalisierung der Märkte und der daraus resultierende internationale Konkurrenzdruck; der Abbau vieler Markteintrittsbarrieren aufgrund regulativer oder technologischer Entwicklungen; erhöhte Kundenanforderungen aufgrund der zunehmenden Transparenz des Internets; Verschiebungen in der internationalen Wertschöpfungskette (In-/Outsourcing); die zunehmende Schwierigkeit,

---

7 vgl. dazu Lombriser et al. (2011, Kapitel 1)

geeignete Führungs- und Fachkräfte zu finden oder zu halten; oder allgemeine gesellschaftliche bzw. demografische Veränderungen (Freizeitverhalten, Altersstruktur etc.).

Diese Veränderungen können gerade auch KMU mit ihren beschränkten Ressourcen nur mit einem klaren, auf nachhaltige Entwicklung ausgerichteten strategischen Konzept bewältigen. Jenes stellt sicher, dass nebst der Optimierung der Systeme und Prozesse zur möglichst effizienten Leistungserbringung auch eine möglichst einzigartige, attraktive Positionierung im Produkt / Markt-Spektrum mit entsprechenden, schwer kopierbaren Fähigkeiten und Ressourcen angestrebt wird. Diverse Untersuchungen unterstreichen denn auch den Nutzen eines so verstandenen strategischen Managements in KMU, welches – nebst finanziellen – folgende Vorteile bietet
- es gibt dem Unternehmen eine klare, langfristige Perspektive und macht es auch für junge Führungs- bzw. Fachkräfte attraktiv;
- es verhindert ein Versinken in der operativen Hektik;
- es macht Ziele, aber auch potenzielle Interessenskonflikte transparent und bildet die Grundlage für deren Erreichung bzw. konstruktiven Lösung;
- es sichert gegen Risiken und Gefahren ab;
- es kann die Grundlage bilden für eine frühzeitige Nachfolgeregelung;
- es macht das KMU für Partner interessant und unterstützt die Kreditwürdigkeit bzw. das Ranking bei Banken.

Herausforderungen in der strategischen Führung von KMU
Die grösste Herausforderung zur Pflege eines nachhaltigen strategischen Managements in KMU liegt in deren beschränkten fachlichen, zeitlichen und personellen Ressourcen für strategische Tätigkeiten. Das hier vorgestellte Konzept versucht darum einen Beitrag zur Bewältigung dieses Problems zu leisten. Die bewusste Anwendung der hier gezielt auf KMU ausgerichteten Konzepte und Instrumente soll Kompetenz- und Zeitengpasse überwinden helfen und die oft als abstrakt empfundene strategische Verantwortung greifbarer machen.

Eine weitere Schwierigkeit in der strategischen Führung von KMU liegt darin, dass auch heute noch in vielen KMU – vor allem in familiengeführten – ein mehr oder weniger monistischer Ansatz gepflegt wird, in dem die meisten VR-Mitglieder gleichzeitig auch Mitglied der GL sind. Auch wenn diese Konstellation gewisse Vorteile bringen kann, sind die zwei Hauptrisiken nicht zu vernachlässigen. Einerseits besteht die Gefahr, dass auch im VR vorwiegend Operatives behandelt wird und strategische Fragen verdrängt werden (d.h. eine VR- mit einer GL-Sitzung verwechselt wird); andererseits fehlt die für die Ausübung der Kontrollfunktion notwendige Distanz zwischen VR und GL. Je stärker sich die GL- mit den VR-Mitgliedern überlappen, desto wichtiger wird eine klare thematische Trennung zwischen operativen und strategischen Themen, was hohe Anforderungen an die involvierten Führungskräfte stellt.

Wirft man weltweit einen Blick auf Grossunternehmen, kritisieren sowohl Governance-Experten wie auch viele CEOs und VR-Präsidenten internationaler Konzerne den am unternehmerischen Ziel vorbeiführenden «Compliance»-Druck der in «soft laws» oder «hard laws» formulierten Corporate Governance Codes. So stellt Prof. Malik (2012:27) prägnant eine zunehmende «Strangulierung der obersten Führungsorgane» fest: «Realwirtschaftlich gesehen gibt es eine deutliche Tendenz zum Rückgang von unternehmerischem Weitblick, von Mut, Risikobereitschaft und Geschäftsfantasie zugunsten formaler Governance-Regelungen.» Ähnlich stellen die zwei Harvard-Professoren Lorsch und Clark (2008) fest, dass Verwaltungsräte immer mehr zu «compliance officers» statt «shapers of the future» werden. Untersuchungen von McKinsey zeigen denn auch, dass die zeitliche Beanspruchung des VRs zur Einhaltung aller Regelungen und Empfehlungen auf Kosten strategischer Überlegungen geht.[8]

Die meist nur auf Grossunternehmen ausgerichteten Best-Practice-Empfehlungen sind mittlerweile an die Bedürfnisse und Eigenheiten von KMU angepasst worden. Auch ist die vermehrte Übernahme internationaler Rechnungslegungsstandards durch Schweizer KMU grundsätzlich zu begrüssen, erhöht sich dadurch doch die gerade von wichtigen Eigentümern geforderte Transparenz.[9] Dennoch ist die grundsätzliche Tendenz zur Regulierung bzw. Büro-

---

8   Bhagat et al. (2013)
9   Schmutz (2014)

kratisierung auch bei KMU im Auge zu behalten, wollen deren Führungsorgane das Schicksal ihrer Kollegen in Grossunternehmen vermeiden und die wichtigen strategischen Vorteile von KMU (Flexibilität, Reaktionsfähigkeit) nicht aus den Händen verlieren.

Fazit: strategische Führung als Kernaufgabe des VR

Aus den bisherigen Ausführungen lassen sich folgende Kernaufgaben für den Verwaltungsrat ableiten:

- **Das VR-Team ist der «Hüter» des strategischen Managements im KMU.** Es stellt sicher, dass dem Thema im Unternehmen genügend Aufmerksamkeit geschenkt wird und die dafür erforderlichen Ressourcen und Kompetenzen vorhanden sind oder entwickelt werden. Angesichts der erhöhten externen Herausforderungen stellt ein strategisch denkender und handelnder VR keinen Luxus mehr dar. Vielmehr ist er eine Notwendigkeit.
- **Der VR sorgt für ein von VR und GL gemeinsam getragenes Strategieverständnis.** Dies erreicht er über einen zielgeleiteten, den Besonderheiten des KMU angepassten Prozess, der auch Raum für strategische Flexibilität und Kreativität bietet.
- **Der VR sorgt für eine sinnvolle Aufteilung der strategischen und operativen Aufgaben zwischen VR und GL.** Eine ideale Rollenaufteilung kombiniert dabei die in GL und VR vorhandenen Kompetenzen und Sichten.

Unsere Untersuchung hat deutlich gezeigt, dass die Erfüllung dieser Kernaufgabe nur über einen **systematischen Führungsprozess** möglich ist, der auch bestimmten formellen Anforderungen genügt. KMU, welche den **Strategieprozess formell regeln** (z.B. via Organisations- / Geschäftsreglement, Funktionendiagramm, Prozessbeschrieb, Weisungen / Richtlinien oder Protokolle), weisen eine deutlich **höhere Wirksamkeit** der strategischen Führung auf als KMU ohne solche Regelungen. Auch lässt sich bei klarer Systematik und formeller Regelung in KMU insgesamt eine deutlich **höhere Zufriedenheit** der Führung und Mitarbeitenden feststellen.

0.2 Zielsetzung: VR als Gestaltungs- und Controlling-Team

Wie **Abb.**1 zeigt, sind in der Praxis unterschiedliche Entwicklungsstufen in der Führung durch VR zu beobachten. Auch wenn sie immer mehr vom Aussterben bedroht sind, pflegen bisweilen auch heute noch einige VRs (v.a. in KMUs) den Ansatz der «Verwaltung», bei dem man den aktuellen Kurs des Unternehmens (höchstens) verwaltet und sich vorwiegend aus kulinarischen Gründen zu VR-Sitzungen trifft. In anderen VRs (meist geführt vom Inhaber/Gründer als VR-Präsidenten) versteht man sich als unternehmerisches Gremium, ohne jedoch die nötige Controllingfunktion wahrzunehmen. Oder aber man agiert vorwiegend als Kontrollinstanz, deren Hauptaufgabe die Beaufsichtigung der Geschäftsführung ist. Nach Martin Hilb liegt der ideale Ansatz nun darin, sowohl Gestaltungs- und Controllingfunktion sinnvoll in einem Gesamtansatz zu vereinen. Eine sinnvolle Rollen-Aufteilung zwischen GL und VR muss somit eine nachhaltige strategische Weiterentwicklung («Gestaltung») des Unternehmens sowie gleichzeitig die Kontrolle der Umsetzung und die Überwachung der damit verbundenen operativen und strategischen Risiken sicherstellen.

Abb. 1: Entwicklungsstufen von VR-Ansätzen (nach Hilb, 2010)

0.3 Vorgehen: das integrierte VR*Strategiekonzept

Das hier beschriebene VR*Strategiekonzept soll einen praktischen Beitrag zur Sicherstellung der wichtigen Balance zwischen Gestaltung und Kontrolle leisten. Es deckt fünf Handlungsfelder ab, über die der VR (zusammen mit der GL) Einfluss auf die strategische Entwicklung des Unternehmens nehmen kann (vgl. **Abb. 2**):

1. **VR & GL-Team** (*wer?*): wer ist im VR- und GL-Team? Wer verfügt über welche Kompetenzen und wer erfüllt welche strategischen Aufgaben?
2. **Strategieprozess** (*wie?*): In welche Phasen/Tätigkeiten ist der Strategieprozess aufgeteilt und wer nimmt dabei teil? Welche Rolle spielen gemeinsame Strategieworkshops und welchen Beitrag leistet dabei der VR? Wer investiert wie viel Zeit in die Behandlung strategischer Themen?
3. **Strategische Instrumente** (*womit?*): Mit welchen Planungs- und Controlling-Instrumenten und mit welcher Methodik erfolgt die Strategieentwicklung, -umsetzung und -kontrolle?
4. **VR & GL-Zusammenarbeit** (*mit wem?*): Wie konstruktiv erfolgt die Zusammenarbeit innerhalb des VR und zwischen VR und GL? Wie werden der strategische Dialog und die Entscheidungsfindung geführt?
5. **Strategie** (*was?*): Welche Positionierung, Wettbewerbsvorteile und Kompetenzen werden angestrebt? Welche Ziele und Stossrichtungen werden dabei definiert?

Unser Konzept ist deshalb «integriert», weil sich die Handlungsfelder gegenseitig beeinflussen und darum nicht isoliert betrachtet werden dürfen. Mit der Verortung der Strategie in der Mitte der Konzepts wird zudem deutlich, dass die äusseren vier Handlungsfelder letztlich dem Ziel dienen, die Entwicklung und Umsetzung einer möglichst wirksamen und nachhaltigen Strategie sicherzustellen.

Abb. 2: Das integrierte © VR*Strategiekonzept

Eine wirksame Anwendung des Konzepts kann nur erfolgen, wenn man es an die Besonderheiten des eigenen KMU anpasst («**keep it situational**»). Folgende **situativen Komponenten** sind u.a. zu berücksichtigen:

- Zusammensetzung von VR und GL (z.B. überlappend vs. völlig getrennt)
- vorhandenes bzw. fehlendes fachliches und methodisches Know-how in VR und GL
- Grösse, Kultur und Geschichte des Unternehmens
- Struktur des Unternehmens (eigenständiges KMU vs. Teil einer übergeordneten Unternehmensgruppe / Holding)
- geografische Ausrichtung (lokal vs. regional vs. global)
- Phase in der Unternehmensentwicklung (Start-up vs. Wachstum vs. Turnaround)
- Stabilität der Führung (langjähriges vs. neues Führungsteam)
- Art der strategischen Herausforderung («business as usual» vs. Spezialsituationen wie Wachstumsfinanzierung, Übernahme eines Unternehmens, Verkauf des Unternehmens, Nachfolgeregelung etc.)
- Besitzverhältnisse von VR- und GL-Mitgliedern
- bisherige Erfolgsgeschichte des Unternehmens.

Die lange Liste situativer Komponenten verdeutlicht die Schwierigkeit, die Strategiearbeit auf VR- und GL-Ebene auf zwei oder drei idealtypische Ansätze zu reduzieren. Zu unterschiedlich sind dazu die möglichen Ausgangslagen.

Ein KMU muss seine strategische Führung auf VR- und GL-Ebene regelmässig überprüfen (vgl. Evaluation/«Board-Audit» in **Abb. 2**). Die Einschätzung der *Wichtigkeit* der einzelnen Fragen in den Checklisten (vgl. Anhang) soll einem KMU helfen, für sich selber den zweckmässigsten Ansatz situativ abzuleiten.

0.4 Unsere VR*Strategie-Studie

Grundlage des vorliegenden Leitfadens bildet ein über dreijähriges Forschungsprojekt (2012–2014) am Center for Corporate Governance (www.icfcg.org). Das **Ziel** bestand dabei in der Beantwortung folgender Fragen:

- Wie erfolgt die Strategiearbeit, Rollenaufteilung und Zusammenarbeit auf Stufe Verwaltungsrat (VR) und Geschäftsleitung (GL) in Schweizer KMU?
- Wie wirksam sind die verschiedenen Ansätze?
- Welche strategischen Kompetenzen sind im VR erfolgsentscheidend, wo besteht diesbezüglich Entwicklungsbedarf und wie kann dieser befriedigt werden?
- Wie kann eine möglichst pragmatische und wirksame strategische Führung in KMU mithilfe eines VR-Strategie-Leitfadens sichergestellt werden?

Die **Methodik** der Studie bestand aus drei Teilen:

- schriftliche (Online-)Befragung von VR- und/oder GL-Mitgliedern in Schweizer KMU zur Strategiepraxis im eigenen Unternehmen. Daran haben insgesamt **252 Führungskräfte** aus 240 KMU teilgenommen, davon:
  - 78 mit reiner VR-Funktion
  - 108 mit reiner GL-Funktion
  - 66 mit einer VR/GL-Doppelfunktion

- Die vertretenen KMU decken bezüglich Branchenzugehörigkeit, Umsatz und Grösse der Belegschaft ein sehr breites Spektrum ab, wobei die Mehrheit zwischen 20 und 250 Mitarbeitenden zählt. Der KMU-Erfolg wurde anhand mehrerer finanzieller und strategischer Kriterien gemessen (Umsatzentwicklung, Rentabilität, Wettbewerbsstellung, Erfüllung der Unternehmensziele, Zufriedenheit mit der strategischen Führung und mit der Aufteilung strategischer Tätigkeiten zwischen VR und GL).

- mündliche Interviews des Autors mit ausgewählten Führungskräften, davon:
  - 40 erfahrene Praxisvertreter/-innen in ihrer Rolle als VR-Präsident/ -in, CEO, VR-Mitglied oder GL-Mitglied
  - 15 KMU-Governance- oder KMU-Strategieexperten, welche in ihrer Beratungs-, GL- und VR-Tätigkeit wertvollen Einblick in unzählige KMU gewinnen konnten.[10]
- systematische Auswertung von über 100 Strategieprojekten des Autors mit VR- und GL-Teams aus unterschiedlichen Schweizer KMU.

Die hier vorgestellten Konzepte und Checklisten fokussieren primär auf die *strategischen* Aspekte einer guten KMU-Governance. Hilfreiche Tools und Checklisten zu weiteren Aufgaben der KMU-Governance finden sich in der Publikationsserie «VR- und GL-Praxis» des Haupt-Verlags. Wir weisen in diesem Buch (insbesondere in Kapitel 3) zudem mehrfach auf den in der Praxis bewährten **KMU*STAR-Navigator** hin, einem strategischen Planungsinstrument für KMU.[11]

---

10 Die Aussagen der Praktiker und der Experten fielen teilweise sehr pointiert aus. Die in der Umfrage und den Interviews zugesicherte Anonymität wird hier respektiert. Darum findet sich in diesem Buch weder eine Liste der Umfrage- oder Interview-Teilnehmer, noch werden sie im Text namentlich zitiert.

11 Lombriser/Abplanalp/Wernigk (2011. Dieses Instrument wurde im Rahmen eines Projekts der Kommission für Technologie und Innovation (KTI) des Bundes in mehreren KMU getestet und weiterentwickelt; es kommt mittlerweile in weit über hundert KMU im Planungsprozess regelmässig zum Einsatz.

1 VR- & GL-Team: strategische Kompetenzen, Aufgaben und Verantwortung

Die Zusammensetzung des VR- und GL-Teams, deren strategische Kompetenzen und die vorgenommene Aufgabenteilung üben einen wesentlichen Einfluss auf die strategische Unternehmensentwicklung aus. Unzählige Studien haben den Zusammenhang zwischen beobachtbaren Eigenschaften des VR-Teams und dem Unternehmenserfolg untersucht.[12] Meistens wurden folgende Faktoren untersucht:

- Anzahl VR-Mitglieder
- Anzahl interner vs. externer VR-Mitglieder
- Dualfunktion von CEO und VR-Präsident
- Beteiligungsverhältnis von VR-Mitgliedern
- Alter und Amtsdauer der VR-Mitglieder
- Geschlechterverhältnis im VR-Team
- Berufliche Diversität innerhalb des VR-Teams.

Zwar scheinen diese in vielen Studien eine gewisse Erfolgsrelevanz aufzuweisen, doch fallen die Resultate insgesamt nicht immer schlüssig oder linear aus. So steigert sich die Bereitschaft für strategische Veränderungen in Unternehmen, je mehr Mitglieder im VR sind oder je länger die durchschnittliche Amtsdauer beträgt, doch nur bis zu einem gewissen (nicht generell definierbaren) Punkt,

---

12 vgl. z.B. O'Conell/Cramer (2010), Pugliese/Wenstop (2007), Calabrò/Mussonlino (2013), Lorsch/Clark (2008)

ab dem sich der Effekt ins Negative umschlägt.[13] Empfehlungen mit absoluten Grössen zu diesen Faktoren sind darum mit Vorsicht zu geniessen. Entscheidender ist, dass die Führungskräfte die Vor- und Nachteile dieser messbaren Team-Eigenschaften kennen und die für ihre Situation optimale Ausprägungen wählen.

1.1 Zusammensetzung und Kompetenzen

Anzahl VR- und GL-Mitglieder

Die durchschnittliche Anzahl VR- und GL-Mitglieder der befragten KMU korreliert mit der Umsatzgrösse. Eine detailliertere Analyse zeigt, dass:

- 50% der KMU mit einem Umsatz *unter 20 Mio. CHF* zwei oder drei **VR**-Mitglieder aufweisen, während bei 32% der KMU die Zahl bei vier oder fünf liegt; nur noch 18% der KMU mit einem Umsatz über *20 Mio. CHF* verfügen über zwei oder drei, dafür 53% über vier oder fünf **VR**-Mitglieder (**Abb. 3**).
- über alle KMU hinweg weisen die KMU im Durchschnitt vier **GL**-Mitglieder auf. (**Abb. 4**).

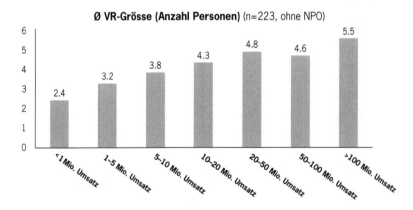

Abb. 3: Anzahl **VR**-Mitglieder im Durchschnitt nach Umsatz[14]

---

13 Golden/Zajac (2001)
14 Non-for-Profit-Organisationen wurden aus dieser Auswertung ausgeschlossen, da sie in der Regel deutlich mehr Mitglieder aufweisen (zwischen 5 und 9). Die relativ tiefe Zahl an Teilnehmern aus diesem Kreis lässt jedoch keine zuverlässigen Schlüsse zu.

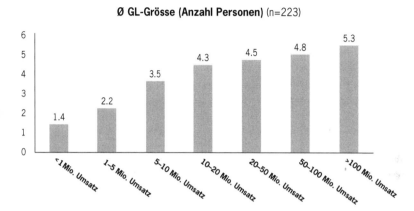

Abb. 4: Anzahl **GL**-Mitglieder im Durchschnitt nach Umsatz

Auch wenn diese Zahlen mehr oder weniger im Rahmen der üblichen Best-Practice-Empfehlungen liegen, ergab unsere Studie *keinen* systematischen Zusammenhang zwischen VR-/GL-Grösse und KMU-Erfolg. Interessant in diesem Zusammenhang ist eine skandinavische Studie von über 800 KMU. Sie kommt zum Schluss, dass die strategische Veränderungsbereitschaft mit der Anzahl der **VR**-Mitglieder generell steigt. KMU mit weniger VR-Mitgliedern können dieses Manko jedoch mit dem Einsatz eines *externen* VR wettmachen.[15]

Die gleiche Studie kommt auch bezüglich **GL**-Grösse zu einem interessanten Resultat: die strategische Veränderungsbereitschaft steigt auch mit der Anzahl der **GL**-Mitglieder. Wenn ein Unternehmer/Eigentümer aufgrund beschränkter Möglichkeiten nur über ein kleines (intern besetztes) VR-Team verfügt, sich gleichzeitig aber vor der Rekrutierung eines unabhängigen (externen) VR scheut, kann die Aufstockung der GL als Kompensation dazu dienen. Vor allem wenn die Leitung bisher nur aus Mitgliedern der Eigentümerfamilie besteht, bietet die Verstärkung der GL mit (familienfremden) Mitgliedern ohne wesentlichen Aktionärsbesitz eine wertvolle Option.

---

15 Brunninge et al. (2007)

Strategische VR- und GL-Kompetenzen

Um seinen Pflichten als haftender Verwaltungsrat nachzukommen, müssen deren Mitglieder ein Grundverständnis der wichtigsten betriebswirtschaftlichen Funktionen (z.B. Finanz- und Rechnungswesen, Marketing & Vertrieb) und deren Zusammenhänge mitbringen. Weitere allgemeine Kompetenzen und Eigenschaften sind u.a. Loyalität, Integrität, Compliance, Engagement (Zeit) und Teamfähigkeit.

Im Folgenden gehen wir nun primär auf strategische Kompetenzen im VR- und GL-Team ein. Sie kommen bei der Strategieentwicklung, -umsetzung und -kontrolle zum Tragen. **Strategische Kompetenzen** helfen somit einerseits, die im KMU vorhandenen **Potenziale** (wie Produkte, Marktstellung, Kompetenzen, Beziehungen etc.) *strategiegerecht* auszuschöpfen, um kurzfristige Erfolge zu erzielen. Andererseits helfen sie aber vor allem auch, diese Potenziale **langfristig** zu **sichern** und **neue aufzubauen**.

Abb. 5 zeigt eine Liste der wichtigsten strategischen Kompetenzen (von VR-Mitgliedern). Die Auswertung zeigt, dass in Schweizer KMU vielerorts noch erhebliche Defizite bestehen. Auch andere Umfragen bestätigen dieses Manko: nur rund die Hälfte der KMU scheinen nicht nur für die heutigen Herausforderungen, sondern auch für die längerfristige strategische Ausrichtung des Unternehmens gut besetzt zu sein.[16]

---

16 vgl. z.B. Huber / Hitchman (2011)

VR- & GL-Team: strategische Kompetenzen, Aufgaben und Verantwortung 27

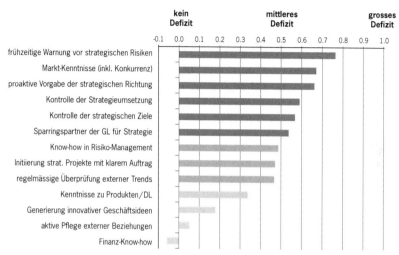

Abb. 5: Strategische Kompetenz-Defizite in VR von Schweizer KMU (Durchschnitt)

Natürlich kann kaum ein VR-Mitglied alleine alle erforderlichen Kompetenzen aufweisen. Darum ist es eine wichtige Aufgabe der KMU-Führung, über die sorgfältige Auswahl und Rekrutierung von Führungskräften für einen ausgewogenen Kompetenz-Mix im VR- und GL-Team zu sorgen.

«Die richtige Zusammensetzung ist das A und O! Bei einem meiner Mandate waren mehr als zwei Drittel aller Themen und Sitzungen vorwiegend von irgendwelchen Rechtsstreitigkeiten besetzt. Kunststück, der VR bestand vorwiegend aus Juristen. Bei einem anderen Mandat hingegen ging es um Themen wie Nachhaltigkeit, Nachfolgeplanung oder strategisches Personalmanagement. Hier waren wir deutlich vielfältiger zusammengesetzt.»
(VR-Mitglied eines Verpackungsherstellers)

Diverse Untersuchungen zeigen, dass Unternehmenskrisen oft auf *homogen* zusammengesetzte Führungsteams zurückzuführen sind. Nach Hilb (2010) ist darum ein strategisch gezielt *vielfältig* zusammengesetztes VR-Team eine der wichtigsten Voraussetzung für den Unternehmenserfolg. Er schlägt dazu ein dreistufiges Vorgehenskonzept vor:

– Zunächst bestimmt man die für die Gestaltungs- und Controlling-Funktion im eigenen VR notwendigen (unternehmensrelevanten) Kompetenzbereiche. Nebst speziell branchenspezifischem Know-how decken diese meist folgende Bereiche ab:
  – internationales Know-how
  – Technologie / Innovation Know-how (Produkt / Produktion)
  – Finanz / Audit & Risk Management Know-how
  – Organisation & IT Know-how
  – Allianz-Management Know-how
  – Selektion / Feedback / Honorierung / Förderung von VR und GL.

Danach ermittelt man die gegenwärtig im VR vorhandenen Know-how-Bereiche und leitet die noch zu schliessenden Know-how-Lücken ab. Wichtig dabei ist, auch die für eine zukünftige Erfolgssicherung erforderlichen Kompetenzen zu berücksichtigen. Plant ein KMU bspw. eine Expansion nach Asien, sollte der VR bereits jetzt ein Mitglied mit erfolgreicher asiatischer und interkultureller Erfahrung aufweisen. Eine gute Vorgehensweise dazu ist, sich den idealen VR in 3 bis 5 Jahren vorzustellen. Welche momentan noch nicht vorhandenen Fähigkeiten und Erfahrungen würden helfen, die Unternehmensvision umzusetzen? Dies hilft, den Kreis möglicher VR-Kandidaten auszudehnen und erhöht die Chancen, sie auch für ein Mandat gewinnen zu können.

– Verfügt das VR-Team über alle notwendigen Know-how-Bereiche, muss man als nächstes darauf achten, wichtige komplementäre Team-Rollen abzudecken. Dazu gehören die Rollen des:
  – Coach
  – Förderers
  – Kreativen Gestalters
  – Konstruktiven Kritikers

- Machers (d.h. «Umsetzers»)
- Controllers
- Netzwerkers
- Organisators (z.b. abgedeckt durch den VR-Sekretär)
Wichtig dabei ist, dass jedes VR-Mitglied die eigenen Rollenstärken und -schwächen kennt, um auch den gezielten Einsatz eines VR-Mitglieds mit komplementären Stärken zu schätzen.
- als dritte Stufe sollen sodann auch soziale Daten (Alter, Geschlecht, Kultur) bei der vielfältigen Zusammensetzung des VR berücksichtigt werden.

Will ein KMU mit normalerweise nur 3 bis 5 VR-Mitgliedern dieses Konzept erfolgreich umsetzen, müssen deren Mitglieder nun mehrere Know-how-Bereiche (z.b. Personal & Finanzen), Team-Rollen (z.b. Entwickler und Teamförderer) und sozial gewünschte Daten (z.b. weiblich, Alter >40) abdecken. Dies verdeutlicht auch, dass die Anforderungen an einen wirksamen KMU-VR vielfältiger sind als in einem Grossunternehmen, wo sich das einzelne Mitglied häufig nur auf seinen Spezialbereich beschränken kann.

«Ohne die internationale Produktionserfahrung unserer externen VR-Mitglieder hätten wir die Verlagerung nach Tschechien gar nicht bewältigen können. Unsere GL hatte bisher keine Auslanderfahrung.» *(CEO eines KMU der Maschinenindustrie)*

«Mit seiner über 20-jährigen Erfahrung als Strategieberater unterstützt uns das neue VR-Mitglied vor allem im strategischen Denken und Change Management.» *(VR-Präsident und CEO eines KMU aus der Chemiebranche)*

Hilb (2010) schlägt vor, dass sich die in der GL benötigten Kompetenzen in der Breite auch im VR spiegeln, denn nur so kann die gesetzlich geforderte strategische Gestaltungs- und Controllingfunktion ausgeübt werden. Der Vorteil dieses Ansatzes liegt darin, dass jedem GL-Mitglied ein Ansprechpartner auf VR-Ebene zur Verfügung steht. Unsere Interviews zeigen deutlich, dass die strategischen Kompetenzen eines typischen VR-Teams in KMU jedoch noch darüber hinausgehen müssen. Denn oft fehlen in den GL-Teams die für die Zukunftssicherung notwendigen Ressourcen und Kompetenzen, insbesondere wenn man sich primär auf das Tagesgeschäft fokussiert (vgl. VR-Praxisbeispiel 1).

VR-Praxisbeispiel 1: «Business Developer»

Ein mittelgrosser KMU-Produktionsbetrieb mit einer typisch funktional besetzten GL (3 Mitglieder) konnte seit Jahren stetig hohe Auftragsbestände aufweisen. Der Erfolg führte auch dazu, dass das GL-Team vor lauter operativer Hektik keine Zeit für Unternehmensentwicklungs- oder Strategieprojekte hatte. Als Antwort darauf wurde ein weiteres VR-Mitglied mit folgenden typischen strategischen Aufgaben rekrutiert:

– Markt- und Konkurrenzabklärungen
– Erschliessung neuer geografischer Märkte
– Abklärung von Firmenübernahmen
– Technologieprojekte in Zusammenarbeit mit Hochschulen
– Aufbau E-Commerce

Die klaren Resultate, welche das neue Mitglied liefern konnte, veranlassten den VR dazu, die Person auch hauptamtlich als **GL**-Mitglied für «Business Development» anzustellen. Als Auftrag erhielt er die Priorisierung und Abarbeitung einer Liste von Projekten, die bisher schlicht nicht bewältigt werden konnten. Es wurde ihm aufgetragen, seinen Lohn bereits im zweiten Jahr selber zu finanzieren, wodurch auch Projekte zur kurzfristigen Kosteneinsparung entsprechend priorisiert wurden.

Resultat:

– die Stelle des hauptamtlichen Business Developer konnte sich bereits im zweiten Jahr selbst finanzieren; dank ihm erfolgte auch eine klare Priorisierung der Projekte.
– nebst wichtigen Projekten zur Steigerung der operativen Effizienz wurden auch wichtige strategische Initiativen umgesetzt (z.B. neue Produkttechnologie, internationale Expansion)

Wichtigste Erkenntnisse aus diesem VR-Fall:

– bei genauer Betrachtung entpuppt sich der v.a. in KMU häufig geäusserte «Ressourcenengpass» nur als Scheinproblem => der Mut, in eine speziell für Strategieprojekte verantwortliche GL-Person zu investieren, hat sich für das betroffene KMU gelohnt.
– wer (VR oder GL?) die strategische Arbeit erledigt, ist weniger entscheidend als die Tatsache, dass sie *tatsächlich* gemacht wird.

Fazit: Ein erfolgreiches VR-Team umfasst somit nebst dem in der GL vorhandenen unternehmensrelevanten Know-how auch weitere, für die langfristige Unternehmensentwicklung entscheidende Kompetenzen. Unsere Untersuchung hat denn auch gezeigt, dass die wertvollsten Beiträge des VR gerade in jenen Bereichen liegen, die von vielen GL-Teams noch nicht oder nicht genügend abgedeckt werden, wie z.b.:

- Strategie- und Unternehmensentwicklung
- Wachstum, Marktaufbau (als Ergänzung zu bereits vorhandenen Marketing- & Vertriebskompetenzen)
- Beziehungen zu Verbänden / Behörden
- Innovation (als Ergänzung zu bereits vorhandenen F + E-Kompetenzen)
- Change Management; Restrukturierung / Turnaround
- Unternehmensnachfolge.

1.2 VR-Mitglieder mit Exekutivfunktion

International betrachtet schlagen die meisten Best-Practice-Empfehlungen eine weitgehende personelle Trennung zwischen VR- und GL-Teams vor (wenn sie nicht ohnehin schon gesetzlich vorgeschrieben ist, wie z.b. in Deutschland). Das Hauptargument liegt darin, dass das Aufsichtsorgan (bzw. der VR) nur so die Kontrollfunktion wirklich ausführen kann. Wie schaut die Funktionstrennung in Schweizer KMU nun tatsächlich aus und welche Vor- und Nachteile ergeben sich aus den unterschiedlichen Konstellationen?

Grundsätzlich sind in KMU viele Konstellationen möglich, von vollständiger Trennung bis zu vollständiger Kongruenz von VR- und GL-Teams. **Abb. 6** zeigt drei typische davon.

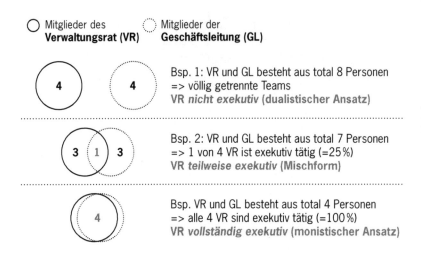

Abb. 6: Personelle Kongruenz von VR- und GL-Teams: drei Beispiele

Abb. 7 zeigt den jeweiligen Anteil jener Konstellationen, bei denen gemäss unserer Untersuchung entweder (a) eine vollständige Trennung, (b) eine teilweise Kongruenz (höchstens die Hälfte der VR-Mitglieder) oder (c) eine mehrheitliche Kongruenz von VR- und GL-Teams besteht. Letztere ist in kleineren Gesellschaften verbreiteter als in grösseren KMU. Bei kleinen oder neu gegründeten Unternehmen ist die häufig[17] empfohlene mehrheitliche Trennung von GL- und VR-Führung oft gar nicht praktikabel (fehlende Finanzmittel, schwierige Suche und Gewinnung fähiger VR).[18]

---

17 z.B. vom Swiss Code of Best Practice
18 vgl. Müller (2003)

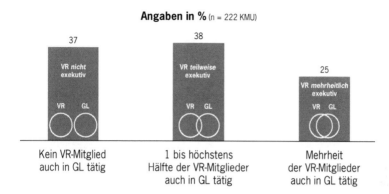

Abb. 7: Personelle Kongruenz von VR- und GL-Teams: Verteilung bei KMU

Unsere Auswertung konnte zwar *keinen* signifikanten Zusammenhang zwischen dem Anteil exekutiv tätiger Verwaltungsräte und der Wirksamkeit der strategischen Führung eruieren. Dennoch sollte sich ein KMU mit einem stark monistisch geprägten Ansatz (in dem sich das VR-Team mit jenem der GL praktisch deckt) fragen, ob nicht die Nachteile dieser Konstellation deren Vorteile überwiegen (vgl. **Tabelle 1**). Die potenziellen Probleme akzentuieren sich v.a. bei einer Personalunion von CEO und VR-Präsident. Ein Verwaltungsrat bestehend nur aus geschäftsführenden Mitgliedern kommt darum wohl nur für kleine, eigentümergeführte Unternehmen in Frage.

Vorteile hoher VR-GL-Kongruenz	Nachteile hoher VR-GL-Kongruenz
– hohe Detailkenntnisse des VR über das Geschäft – VR verfügt über aktuelle und direkte Informationen – effizientere Entscheidungsführung (v.a. in Krisensituationen) – Motivationseffekt dank erhöhter Einflussmöglichkeit des VR (z.B. bei Erfolgsbeteiligung) – tiefere VR-Honorare – weniger politische Machtkämpfe zwischen VR und GL	– operativ dringende Aufgaben verdrängen strategisch wichtige, aber (noch nicht) dringende Aktivitäten – vom Tagesgeschäft dominierte Strategieentwicklung und -kontrolle – keine Ergänzung strategischer Kompetenzen durch den VR; fehlende «Sparringspartner»-Rolle des VR – eingeschränkte Objektivität – erschwerte Ausübung der Kontrollfunktion – Gefahr der Machtkonzentration beim Geschäftsleiter bzw. GL-Team – Informationsdefizite des nicht exekutiv tätigen VR-Mitglied gegenüber jenen mit Doppelfunktion (dadurch evtl. fehlendes Vertrauen, Meinungsdifferenzen)

Tabelle 1: Potenzielle Vor- und Nachteile einer hohen Kongruenz von VR- und GL-Team[19]

Folgende Aussagen zeigen, dass die Meinungen bezüglich Doppelrollen von VR-Mitgliedern auch bei Experten auseinander gehen:

«Dass der CEO auch im VR sein soll, kommt für mich auf keinen Fall in Frage. Er kann sich nicht selber kontrollieren. Natürlich soll er bei VR-Sitzungen dabei sein (ausser wenn es um sein eigenes Salär geht), aber ohne Stimmrecht, nur mit Diskussionsrecht.» *(Governance-Experte A)*

«Wir hatten vor Jahren einmal eine schwierige Situation, standen vor der Frage, ob wir Leute entlassen müssen. Zuerst wehrte sich der CEO (der auch im VR war) vehement gegen Entlassungen. Er fand sie nicht nötig und empfahl, das Problem mit Kurzarbeit zu lösen. Ich stellte ihm dann folgende Frage: ‹Entschuldigung, aber Du bist ja auch VR. Setzt Dir mal den Hut des VR über; würdest Du dann auch so entscheiden?› Seine Ant-

---

19 vgl. u.a. auch Müller (2003, S. 7)

wort: ‹Nein, dann würde ich sicher Leute entlassen.› Er ging dann retour zur GL und trug unseren Entscheid klar mit. Wäre er nicht VR gewesen, hätte er ihnen sagen können, er könne nichts machen, die im VR haben beschlossen. Jetzt aber sagte er: ‹Hört mal, wir mussten im VR einen harten Entscheid fällen und ich trage die Verantwortung mit.› Wenn es kritisch wird und ums Eingemachte geht, ist es von Vorteil, wenn der CEO dabei ist und die Entscheidungsverantwortung mitträgt.» *(VR-Präsident eines mittelgrossen KMU)*

Diese zwei Aussagen legen den Schluss nahe, dass nicht die Gewaltentrennung an sich, sondern die Art und Weise, wie man den Vor- und Nachteilen der gewählten Konstellation begegnet, entscheidend ist. **Bei hoher Kongruenz** von VR- und GL-Team ist es **wichtig**:

- (a) mögliche Interessenkonflikte im VR-Team offen anzusprechen
- (b) VR- und GL-Sitzungen thematisch klar zu trennen (strategisch vs. operativ)
- (c) die Möglichkeit mindestens *eines* externen (unabhängigen) VR in Betracht zu ziehen.

«Da sich unsere 4-köpfige GL mit jener des VR 100% deckt, nehmen wir eine klare Trennung vor zwischen den zweiwöchentlichen GL-Sitzungen, wo wir wirklich nur Operatives behandeln, und unseren fünf bis sechs VR-Sitzungen, die dann aber wirklich rein strategischer Natur sind (was machen wir überhaupt? wie können wir uns weiterentwickeln?).» *(GL- & VR-Mitglied eines KMU der Finanzbranche)*

1.3 Unabhängige Verwaltungsräte

Die Empfehlungen der «Best Practice im KMU» zur Struktur des VR lautet: «Der VR sollte eine unabhängige Präsidentin oder einen unabhängigen Präsidenten und ein weiteres unabhängiges Mitglied umfassen. Es ist eine Vizepräsidentin oder ein Vizepräsident zu bestimmen. Die VR-Sekretärin oder der VR-Sekretär sollte nicht Mitglied des VR und – soweit möglich – unabhängig sein. Eine Person ist unabhängig, wenn keine Umstände vorliegen, welche ihre freie Meinungsbildung gegenüber Aktionariat, VR oder GL beeinträchtigen.»[20] Unabhängige Verwaltungsräte sind somit nicht im Unternehmen operativ tätig, besitzen keinen (wesentlichen) Unternehmensanteil und pflegen keine geschäftlichen oder persönlichen Beziehungen zum KMU oder deren Eigentümer.

Unsere Untersuchung zeigt, dass grössere VR-Teams nicht nur absolut sondern auch relativ zum Gesamt-VR mehr unabhängige VR-Mitglieder aufweisen (**Abb. 8**).

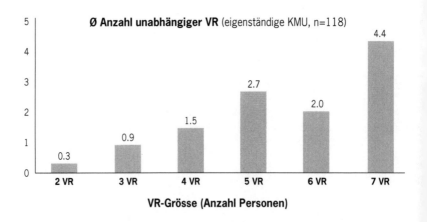

Abb. 8: Anzahl unabhängiger Verwaltungsräte im Durchschnitt nach VR-Grösse

---

20 ICfCG (2009, S. 4)

Externe VR-Mitglieder sind dabei vor allem dann wertvoll, wenn sie die bei GL- und intern rekrutierten VR-Mitgliedern fehlenden strategischen Kompetenzen und Ressourcen kompensieren. Ähnlich bestätigen auch andere Untersuchungen eine erhöhte Veränderungsbereitschaft von KMU mit externen VR-Mitgliedern.[21] Vor allem wenn die Rollen des VR-Präsidenten und Geschäftsführers vereint sind, kann die Wahl eines externen VR wertvolle Beiträge leisten.

Tabelle 2 fasst die in den Interviews eruierten Vor- und Nachteile von VR-Teams mit unabhängigen (externen) Mitgliedern zusammen. Folgende Aussagen verdeutlichen diese Punkte:

«In unserem 5-köpfigen VR sitzen drei Externe. Diese bringen Erfahrungen ein, die wir bisher im KMU nicht gemacht haben. Sie vertreten Positionen und Meinungen, die wir intern aussen vor oder gar nicht zulassen würden. Mittlerweile ist es bei uns so, dass wenn ein externer VR etwas einbringt, wir dem mehr Gewicht beimessen.» *(CEO eines KMU, nach Geschäftsübernahme vom Vater)*

«Bisher waren wir sehr Entwicklungs- und Technik-orientiert, es herrschte die Kultur: ein gutes Produkt verkauft sich von selbst. Der neue externe VR plädierte dann bei unserer Expansion nach Asia-Pacific für einen starken Ausbau unseres Vertriebs, was sich auch auszahlte. Ohne ihn hätten wir das nur sehr zögerlich gemacht.» *(CEO eines KMU, Instrumentenbau)*

«Weil wir Externe sind, sind die Unternehmensgeschehnisse, die Trends und der Markt schwierig zu verstehen und zu gewichten. Darum sind wir stark angewiesen auf den CEO – was ich oft als heikel empfinde.» *(Externer VR in drei unterschiedlichen KMU).*

---

21 z.B. Brunninge et al. (2007), O'Connell / Cramer (2009)

«Der Überflieger mit 17 VR-Mandaten nützt mir nichts, denn er kann sich nicht genügend mit unserem Geschäft befassen.» *(VR-Präsident und Inhaber eines KMU, Detailhandel)*

Vorteile externer VR-Mitglieder	Nachteile externer VR-Mitglieder
– Kompensierung der in VR und GL fehlenden Kompetenzen & Erfahrungen – stärkere Ausrichtung auf strategische Aufgaben – objektivere Strategiekontrolle oder Prüfung strategischer Alternativen; weniger Betriebsblindheit – strategische Ansprechpartner (v.a. bei Personalunion VR-Präsident & CEO) – Wahrung der Unternehmensinteressen dank fehlender Zielkonflikte – Ausbalancierung divergierender Interessen innerhalb der Eigentümerfamilie – Unterstützung bei Unternehmensnachfolge – Ansprechpartner in schwierigen Situationen – erweitertes Netzwerk	– Gefahr der Statistenrolle (v.a. wenn zahlenmässig gegenüber operativ tätigen VR-Mitgliedern unterlegen) – geringere Durchsetzungskraft bei Meinungsverschiedenheit mit Eigentümer(n) – hohe Informationsabhängigkeit von GL, dadurch Manipulationsgefahr … – … darum stärkerer Fokus auf rein finanzwirtschaftliche Kennzahlen (da «objektiver» bzw. weniger manipulierbar) – höhere Einarbeitungszeit und dadurch mögliche Verzögerungen in Krisensituationen – mögliche Mandatsabhängigkeit – evtl. zu hohe Risikoorientierung – längere Entscheidungswege

Tabelle 2: Potenzielle Vor- und Nachteile unabhängiger (externer) VR-Mitglieder

Unabhängigkeit ist letztlich eine Frage der Einstellung, der Persönlichkeit. Auch interne VR-Mitglieder können geistige Unabhängigkeit aufweisen, während extern rekrutierte VR aus unterschiedlichen Gründen nicht automatisch frei sind in ihrem strategischen Denken. So nimmt z.B. deren Bereitschaft, im Strategieprozess kritische Fragen zu stellen, im Verlaufe der Zeit häufig ab.[22] Vor allem bei Personen mit vielen VR-Mandaten als primäre Einkommensquelle ist deren Unabhängigkeit kritisch zu hinterfragen.

---

22   vgl. z.B. Finkelstein / Mooney (2003)

VR-Sekretär

Aufgrund beschränkter Ressourcen kann der Einsatz eines VR-Sekretärs gerade in KMU äusserst wertvoll sein. Dieser muss nicht dem VR angehören und kann den VR in der Vorbereitung und Protokollierung von VR-Sitzungen unterstützen. Vor allem wenn *extern* rekrutiert, kann ein juristisch ausgebildeter Sekretär wichtige juristische Aufgaben übernehmen und helfen, weitere rechtliche Kosten zu sparen.[23] Es kann auf einen Juristen im VR-Team verzichtet und dafür jemand mit noch fehlenden strategischen Kompetenzen eingesetzt werden.

1.4 Strategische und operative Aufgaben von VR & GL

«Viele VR wissen nicht wirklich, welche strategische Rolle sie spielen sollen, obwohl sie an sich wissen, was eine Strategie ist und wie man sie entwickelt.» *(Governance-Experte)*

Die Rollenaufteilung zwischen VR und GL erfolgt häufig mit den Begriffen «strategisch» und «operativ». Unsere Interviews und Erfahrungen aus Strategieprojekten zeigen jedoch deutlich, dass diese zwei Begriffe vielen in der Praxis unklar sind und oft zu Missverständnissen führen. Typische **Fehlinterpretationen** sind dabei:

- alles Langfristige ist strategisch, alles Kurzfristige operativ
- alles Wichtige ist strategisch, alles weniger Wichtige operativ
- planen & entscheiden sind strategische, umsetzen («machen») operative Aufgaben
- alles «was Geld kostet» ist strategisch, alles «was Geld bringt» operativ.

Dies führt in der Praxis oft dazu, das der Blick auf das wirklich Strategische verloren geht. Bevor wir hier Vorschläge zur Rollenaufteilung zwischen VR und GL anbringen, ist es darum wichtig, eine saubere Begriffsklärung der im KMU anfallenden Hauptaktivitäten vorzunehmen. Wir stützen uns hier auf die klassischen Konzepte von Ansoff und Porter.[24]

---

23 vgl. Müller (2012)
24 vgl. Ansoff / McDonnell (1990), Porter (1997)

Begriffsklärung: strategisch vs. operativ[25]

Strategisch sind jene Tätigkeiten, welche sich auf die Hauptkomponenten einer möglichst *einzigartigen* und *nachhaltigen* (d.h. langfristigen) Ausrichtung beziehen:

- **Positionierung:** welche Produkte/Leistungen? für welche Kunden/Märkte mit welchen Bedürfnissen?
- **Wettbewerbsvorteile:** welche Differenzierungs- und/oder Kostenvorteile ergeben sich aus unserer Positionierung?
- **Kernkompetenzen und -prozesse:** welche einzigartigen Fähigkeiten und Wertschöpfungsaktivitäten ermöglichen unsere Wettbewerbsvorteile?

Operativ sind zunächst jene Tätigkeiten, welche sich auf die möglichst effiziente bzw. exzellente *kurzfristige* Leistungserbringung beziehen. Auf operative Exzellenz sind aber auch jene Handlungen ausgerichtet, die sicherstellen sollen, dass das Unternehmen *mittel- und langfristig* über die in der Branche üblichen Technologien (z.B. IT) und Managementtechniken (z.B. Qualitätsmanagement) verfügt. Solche Aktivitäten ermöglichen in der Regel zwar absolute Verbesserungen der betrieblichen (d.h. operativen) Exzellenz, sie garantieren alleine aber keinen *nachhaltigen* (d.h. schützbaren) Erfolg, da sie in der Regel auch von den (wichtigsten) Wettbewerbern ausgeübt werden. Sie bringen damit keine *Vorteile* gegenüber dem Wettbewerb, sind aber wichtig, will man nicht Wettbewerbs*nachteile* in Kauf nehmen.

STOP-Matrix: strategische und operative Aufgaben

Abb. 9 liefert einen Überblick der strategischen und operativen Aufgabenbereiche. Darin wird ersichtlich, dass strategische wie operative Aufgaben eine kurz-, mittel- und langfristige Komponente aufweisen. Während es kurzfristig um die Erfolgsrealisierung geht, steht langfristig die Erfolgsermöglichung/-sicherung im Zentrum. Somit können auch strategische Fragen kurzfristiger Natur sein, wenn es z.B. darum geht, einen strategiekonformen Auftrag an- oder abzulehnen (z.B. weil er imageschädigend ist; oder

---

[25] eine ausführlichere Behandlung findet sich in Lombriser/Abplanalp (2010), Lombriser et al. (2011)

weil keine Differenzierung und somit auch keine Preisprämie erlangt werden kann). Andererseits kann eine mittel- oder langfristige Fabrikerweiterung als operativ orientierte Verbesserungsmassnahme bezeichnet werden, wenn das KMU z.B. «aus allen Nähten platzt» und damit nur eine lang fällige Lösung von Qualitätsproblemen bewirkt.

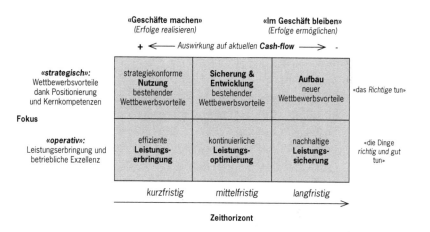

Abb. 9: STOP-Matrix der **st**rategischen und **op**erativen Aufgaben

Natürlich kann die Unterscheidung zwischen den einzelnen Aufgaben in der Praxis nicht immer trennscharf erfolgen. Eine umsichtige KMU-Führung muss jedoch sicherstellen, dass die Unternehmensaktivitäten möglichst das ganze «Feld» der STOP-Matrix abdecken oder – wenn es die Situation erfordert (z.B. in einer Krise) – die richtigen Schwerpunkte setzen.

Zuordnung strategischer und operativer Aufgaben in KMU

Abb. 10 nimmt nun eine aus unserer Erfahrung sinnvolle Zuordnung der strategischen und operativen Aufgaben vor. Dabei behandelt:

- die **GL** nebst operativen auch strategische Aspekte, richtet sich dabei jedoch **eher kurzfristig** auf «**running the business**» aus.
- der **VR** nebst strategischen auch operative Themen, richtet sich jedoch **eher langfristig** auf «**securing and building the business**» aus.[26]

Die **Controllingfunktion** des VR bezieht sich nun vorwiegend auf **operative** Aspekte, die **Gestaltungsfunktion** auf **strategische**. Erst ein VR, der in der langfristigen Ausrichtung nebst der Sicherung der betrieblichen Effizienz auch Fragen der Wettbewerbsvorteile, Positionierung und Kernkompetenzen behandelt, nimmt somit eine *echte* «Gestaltungsfunktion» und somit *strategische Verantwortung* wahr. Dies ist gerade auch bei KMU mit hoher personeller Kongruenz von GL- und VR-Team wichtig, um zu vermeiden dass sich die (vermeintlichen) VR-Sitzungen vorwiegend auf kurzfristig-operative Themen konzentrieren und Gestaltungsfragen zu kurz kommen (vgl. dazu das VR-Praxisbeispiel 2).

Abb. 10: Aufteilung strategischer und operativer Aufgaben in der STOP-Matrix

---

26 Ansoff / McDonnell (1990)

Praxistipp: Stop & Think!

Nehmen Sie in Ihrem GL- oder VR-Team (oder gemeinsam) eine kurze Einschätzung vor, ob in Ihrem KMU alle sechs Aufgabenfelder in der STOP-Matrix genügend abgedeckt werden und ob Sie zwischen VR- und GL-Team dabei eine optimale Aufgabenteilung vornehmen. Gibt es Bereiche, die vernachlässigt werden? Gibt es Bereiche, in denen die Rollenaufteilung ungenügend oder unzweckmässig vorgenommen wird? Werden die in VR und GL vorhandenen strategischen Kompetenzen optimal ausgeschöpft? Weicht die Einschätzung durch den Verwaltungsrat stark von jener der Geschäftsleitung ab? Wenn ja: welches sind die Gründe?

VR-Praxisbeispiel 2: Strategiebehandlung im Familien-KMU

Eine regional tätige Imbiss-Kette mit über 100 Mitarbeitenden wird vom Gründer-Ehepaar geleitet. Beide Ehepartner stellen sowohl die Geschäftsführung wie auch den Verwaltungsrat. Auch wenn den zwei Gründern die Vorteile der personellen Trennung von GL und VR sowie eines unabhängigen VR bekannt sind, verzichten sie zugunsten schneller Entscheidungswege bewusst darauf. Mit folgenden Massnahmen stellen sie sicher, dass in ihrer Unternehmensführung wirklich auch strategische Themen behandelt werden und keine Gefahr der «Betriebsblindheit» aufkommt:

- konsequente Durchführung von 3–4 VR-Sitzungen pro Jahr, in der nur strategische Themen traktandiert werden (z.B. Aufbau neuer Wettbewerbsvorteile, Wachstumsstrategie, Nachfolgeregelung).
- für spezielle strategische Projekte oder Herausforderungen nimmt sich das Ehepaar regelmässig (d.h. ein- oder zweimal pro Jahr) Auszeiten (z.B. «Workshop-Wanderungen»).
- Einbezug eines sorgfältig ausgewählten Treuhänders als VR-Sekretär; dieser hat den Auftrag, die Diskussionen und Entscheide kritisch zu reflektieren bzw. hinterfragen.
- nebst Jahresabschluss verfasst der Gründer jährlich einen ca. 10-seitigen Geschäftsbericht zuhanden sich selber und seiner Frau. Die Struktur gleicht jener eines strategischen Plans und umfasst folgende Themen: Unternehmung, Produkte/Dienstleistungen, Marktentwicklung, Marketing & Positionierung, Standorte, Produktion, Administration, Personal, Strategische Projekte.

Wichtigste Erkenntnisse aus diesem VR-Fall:

- Gerade wenn der VR aus den gleichen Personen besteht wie die GL, ist mit gezielten Massnahmen sicherzustellen, dass der VR seinen strategischen Aufgaben nachkommt.
- «Die kritischen Diskussionen mit unserem Treuhänder, die Auszeiten und vor allem der Bericht an uns selber verhilft uns zu einem klaren Bild im Kopf wo wir stehen und wohin wir wollen. Je klarer das Bild, desto besser können wir es unseren Mitarbeitern und unserer Bank kommunizieren. Und vor allem wissen wir, *wie* – d.h. mit welcher Strategie und welchen Kompetenzen – wir unser Ziel erreichen.» *(Gründer)*

Behandlung spezieller Themen durch einzelne VR-Mitglieder

Ging es im vorigen Abschnitt um die generelle Rollenaufteilung zwischen VR- und GL-Team, behandeln wir hier die Frage, wie die Controlling- und Gestaltungsfunktionen *innerhalb* des VR-Teams aufgeteilt werden können. Bei mittleren und grösseren KMU ist in der Regel eine Aufteilung einzelner Aufgaben gemäss vorhandenen VR-Kompetenzen ratsam. Die Empfehlung der «Best Practice im KMU» dazu lautet: «Der VR-Präsident sorgt dafür, dass der VR für die Gebiete des Controllings und des Risiko-Managements sowie für andere relevante Kompetenzbereiche einzelne VR-Mitglieder (oder allenfalls Ausschüsse) mit besonderen Aufgaben betraut.»[27]

Unsere Untersuchung zeigt, dass in KMU mit VR-Grössen von 2 bis 5 Mitgliedern insgesamt bei rund der Hälfte eine Themenzuordnung erfolgt, wobei dieser Anteil bei grösseren VR-Teams tendenziell höher ist als bei kleineren. Wird eine Aufgabenzuordnung vorgenommen, sind es vor allem folgende Themen: Finanzen (in 78 % der KMU *mit* Zuordnung), Marketing/Verkauf (39 %), Strategie (23 %), oder branchenspezifische Themen. Etwas weniger häufig kommen Personal, Technik/Technologie, Produktion/Logistik, oder «Legal & Risk» vor. Die **Vorteile** einer Aufgabenzuordnung liegen auf der Hand:

- (1). die im VR vorhandenen Kompetenzen werden optimal ausgeschöpft;
- (2.) die Aufteilung bietet die Grundlage zur Erteilung konkreter Aufträge an einzelne VR-Mitglieder;
- (3.) GL-Mitglieder erhalten für ihren Bereich einen Ansprechpartner/Coach;
- (4.) allfällige Kompetenzlücken im VR oder in der GL können aufgedeckt und geschlossen werden.

Nachteile können sich v.a. in einer unklaren Abgrenzung zu GL-Aufgaben ergeben.

---

27 ICfCG (2009, S. 7)

«Wir haben in unserem Hotel folgende Ressorts für einzelne VR: Bau / Architektur, Recht, Gesundheit, Tourismus und Energie. Die Zuordnung bringt den Vorteil, dass wir unsere Kompetenzen gezielt einbringen können. Aber sie birgt auch das Risiko, dass wir uns schnell im ‹operativen› Bereich bewegen, mir als VR die Zeit aus dem Ruder läuft oder die GL bequem Verantwortung auf mich abschiebt.» *(externer VR eines Hotels)*

VR-Ausschüsse in KMU

Aufgrund der stark gestiegenen Anforderungen an eine wirksame Governance wird es für KMU immer schwieriger, alle notwendigen Kompetenzen im VR zu vereinen oder die dafür notwendige Arbeit zeitlich zu bewältigen. Oft leidet darunter die Gestaltungsfunktion des VR. Zur Sicherstellung der strategischen Aufgabenerfüllung können darum VR-Ausschüsse auch in grösseren KMU (ab ca. 50 Mitarbeitenden) echte Hilfe leisten. Auch wenn die Tendenz zunehmend ist, erstaunt es, wie selten diese Variante der Aufgabenzuteilung auch heute noch in KMU eingesetzt wird.

VR-Ausschüsse bieten sich u.a. an für Finanzen (Audit / Risk), für HR (Nominierung, Entschädigung, Nachfolge) sowie für Investitionen. Von Vorteil sind sie vor allem dann, wenn sie auch mit externen Fachleuten besetzt werden, die intern fehlendes Fachwissen kompensieren (was Ausschüsse eben auch für grössere KMU interessant machen). Ein wichtiger Grundsatz ist, den Ausschüssen nur Vorbereitungs-, nicht aber Entscheidungskompetenz zuzuweisen. Dies verhindert eine Zersplitterung im VR und vermeidet die faktische Organhaftung externer Fachspezialisten. **Tabelle 3** fasst die Vor- und Nachteile von VR-Ausschüssen in KMU zusammen.[28]

---

28 vgl. Müller (2013), Brönnimann (2003)

Vorteile von VR-Ausschüssen in KMU	Nachteile von VR-Ausschüssen in KMU
– Arbeitsentlastung im VR => VR kann sich auf seine strategische Rolle konzentrieren – effizientere und besser vorbereitete Entscheidungsfindung – Bindegliedfunktion zwischen VR und GL – Kompensation fehlender Kompetenzen durch Beizug externer Spezialisten – Ausschuss hat konkretere Aufgaben als VR	– erhöhter Koordinationsaufwand – höhere Zersplitterungsgefahr im VR – VR-Mitglieder evtl. weniger sensibilisiert bezüglich ihrer Verantwortung für das Gesamtunternehmen

Tabelle 3: Vor- und Nachteile von VR-Ausschüssen in KMU

Was die Bildung eines permanenten *Strategie*ausschusses betrifft, ist die grosse Mehrheit der befragten Experten und Praktiker skeptisch. Ein Strategieausschuss kann zwar in einzelnen Fällen bewirken, dass sich wenigstens ein Teil des VR mit der Strategie befasst. Gleichzeitig kann dies aber dazu führen, dass die übrigen VR-Mitglieder sich aus dem Prozess «ausklinken» und auf die Erfüllung dieser zentralen Gestaltungsaufgabe verzichten.

«Ich will keinen Strategieausschuss, ich will dass alle im VR die Strategie verstehen!» *(VR-Präsident eines Unternehmens der Telekommunikation)*

Fazit: VR-Ausschüsse können in grösseren KMU echte Hilfe leisten, in dem sie (1.) den VR in seiner Aufgabenerfüllung zeitlich entlasten, (2.) externes Know-how beiziehen können und (3.) im VR den notwendigen Raum für strategische Aufgaben schaffen (vgl. **Praxisbeispiel** 3).

VR-Praxisbeispiele 3: Ausschüsse in KMU

Ein in der Entwicklung und Produktion von Handwerksgeräten tätiges KMU mit rund 40 Mitarbeitenden bildete vor einigen Jahren drei Ausschüsse für die Bereiche Audit/ Risiko, Personal und Investition. Dazu brauchte es vom Initiator (dem neu eingesetzten VR-Präsidenten) jedoch viel Überzeugungsarbeit. Typische Reaktionen seiner drei VR-Kollegen waren: «brauchen wir doch als KMU nicht», «zu teuer», «zu zeitaufwändig». Doch er liess nicht locker und berücksichtigte folgende Punkte:

- jeder Ausschuss setzt sich aus drei Personen zusammen, nämlich zwei VR-Mitgliedern und einem externen Spezialisten als drittes, gleichwertiges Mitglied.
- jeder Ausschuss erhält konkrete Aufträge, hat jedoch dabei nur Vorbereitungs- und Antrags, jedoch keine Entscheidungskompetenz.

Resultat:

- die Sichtung der 120 Bewerbungen für den Posten des neuen Finanzchefs, die Gespräche und Assessments mit den besten Kandidaten erfolgte viel effizienter als bisher und die Qualität der Auswahl dank der Mithilfe des externen HR-Profis im Ausschuss war viel höher.
- VR-Sitzungen zu wichtigen Investitionsentscheiden sind heute viel besser vorbereitet, werden dadurch effizienter geführt und beschränken sich auf das Strategische. Die Anzahl der Investitionsanträge an den VR nahm aufgrund der Vorselektion im Ausschuss deutlich ab, die «strategische» Qualität – auch dank der Expertise des externen Ingenieurs – drastisch zu.
- insgesamt machten sich die Ausschüsse auch finanziell bezahlt, da externe Beratungskosten entfallen.

Wichtigste Erkenntnisse aus diesem VR-Fall:

- es gibt auch in KMU vermehrt Projekte oder Herausforderungen, die nicht mehr in 3–4 VR-Sitzungen erledigt werden können; darum können auch KMU mit nur drei VR-Mitgliedern von Ausschüssen profitieren und gerade auch *strategisch* wichtige Aufgaben effizient und zielführend erledigt werden.

Formelle Regelung der Aufgabenteilung

KMU *mit* einer formellen Regelung der Aufteilung strategischer und operativer Aufgaben weisen in unserer Untersuchung eine höhere Zufriedenheit mit der Erreichung der Unternehmensziele auf. Diese Regelung erfolgt grundsätzlich in einem Organisationsreglement und wird in einem Funktionendiagramm, in Ausschuss-Reglementen und/oder Pflichtenheften weiter präzisiert. Diverse Musterbeispiele dazu finden sich unter Müller/Lipp/Plüss (2014) oder auf der Homepage des ICfCG (www.icfcg.org).

Im Funktionendiagramm kann es nützlich sein, die strategische Führungsaufgabe nicht wie üblich als Ganzes den Funktionsträgern zuzuordnen, sondern nach den Hauptphasen aufgeschlüsselt: 1. Vorgabe von Leitplanken, 2. Strategie-Entwicklung, 3. Strategie-Genehmigung, 4. Strategie-Umsetzung, 5. Strategie-Kontrolle.

Entscheidend für die tatsächliche Wahrnehmung der formell festgelegten Aufgaben ist letztlich ein gemeinsames Verständnis von VR und GL bezüglich der optimalen Rollenaufteilung. Dieses wird v.a. über einen systematischen Strategieprozess (Kapitel 2), geeignete Strategieinstrumente (Kapitel 3) und im strategischen Dialog zwischen VR und GL (Kapitel 4) entwickelt.

1.5 Sicherung & Entwicklung zukünftiger Kompetenzen

Ein KMU beeinflusst seine strategische Unternehmensentwicklung über seine momentan und zukünftig vorhandenen Kompetenzen, insbesondere auch jene der GL und des VR. Wir haben weiter oben auf das dreistufige Vorgehenskonzept zur idealen Zusammensetzung des VR-Teams hingewiesen. Je nach Unternehmensgrösse kann dieses Verfahren auch auf das GL-Team oder auf beide Teams gemeinsam angewandt werden. Ziel ist es in jedem Fall, die heutigen und/oder zukünftigen Lücken zu identifizieren, um sie über gezielte Selektion, Beurteilung, Honorierung und Entwicklung zu schliessen. Hier sei insbesondere auf die Konzepte und pragmatischen Instrumente von Hilb (2010, 2007) hingewiesen. Die folgenden Grundsätze lassen sich daraus wie folgt zusammenfassen: [29]

– Die **Selektion** der VR- und GL-Mitglieder muss immer auch mit Blick auf die zukünftigen strategischen Herausforderungen erfolgen und sicherstellen, dass in der KMU-Führung alle Felder der STOP-Matrix (**Abb. 9**) sinnvoll gewichtet sind.

---

29 Tools und Checklisten finden sich auf der Homepage des ICfCG (www.icfcg.org)

- Die **Beurteilung und Honorierung** des VR und der GL muss ganzheitlich erfolgen, d.h. kurz- *und* langfristige Aspekte, finanzielle *und* nichtfinanzielle Kennzahlen, sowie operative *und* strategische Faktoren sinnvoll berücksichtigen.
- Eine systematische **Erfassung und Förderung von Nachwuchsführungskräften** ist die wirksamste Methode zur Sicherung zukünftiger unternehmensrelevanter Kompetenzen.

In vielen Interviews wurde die frühzeitige Regelung der Unternehmensnachfolge (in GL- und VR) als die *strategisch wichtigste* Aufgabe erwähnt. Vor allem hier sind die Dienste externer (unabhängiger) Verwaltungsräte in familiengeführten Unternehmen äusserst wichtig. Der VR hat für ein langfristiges Nachfolgekonzept im KMU zu sorgen, will er nicht die Zukunft des Unternehmens aufs Spiel setzen.

Gemäss unserer Untersuchung ist die Entwicklung der für die Zukunftssicherung notwendigen strategischen VR-Kompetenzen in der Praxis oft ein unterschätztes Thema (vgl. dazu die Kompetenzdefizite in **Abb. 5**). Folgende Massnahmen zeigen die Vielfalt möglicher Entwicklungsmöglichkeiten auf VR-Ebene:

- **allgemeine strategische Kompetenzen**: Teilnahme in VR- Erfa-Gruppen und/oder -Netzwerken; Einladen von Trend- und Strategieexperten an VR-Sitzungen oder Strategieworkshops;
- **Markt-Kenntnisse**: Besuche bei Kunden (am besten zusammen mit dem für den Verkauf zuständigen GL-Mitglied); regelmässige Messebesuche; Gespräche mit bzw. Referate von Branchenexperten; Bildung von Ausschüssen mit externen Fachspezialisten, dadurch können sich VR-Mitglieder wichtiges Wissen von extern und intern (über engeren Kontakt zu GL-Mitgliedern) aneignen;
- **Kenntnisse zu Technologie/Produktion**: Coaching eines GL-Mitglieds bei bestimmten Projekten (z.B. persönliche Begleitung bei einer Produktionsverlagerung lokal vor Ort);

- **internationales Know-how:** Rotieren der GV und/oder VR-Sitzungen zwischen den wichtigsten Ländern; Begleitung bei Kundenbesuche lokal vor Ort.

Viele dieser Massnahmen sind zeitintensiv und lassen sich wohl nur aufrecht erhalten, wenn das VR-Honorar entsprechend festgelegt ist.

«Jeder VR verbringt 3 bis 5 Tage im Jahr in seinem zugeordneten Bereich *vor Ort* (z.B. in der Produktion, der Technik oder im Markt). Dafür kriegt er nicht ein höheres Honorar, wobei wir aber schon überdurchschnittlich gut bezahlen.» *(VR-Präsident einer KMU-Unternehmensgruppe)*

«Pro Jahr gehe ich mindestens zu drei Key-Customers (z.B. haben wir eine VR-Sitzung bewusst in China abgehalten und gingen zwei Tage vorher schon mit unserem Verkaufschef zu einem Schlüsselkunden.» *(VR-Mitglied eines KMU in der Elektronikbranche)*

Fazit: eine vorausschauende Kompetenzentwicklung im KMU, insbesondere der GL und im VR, ist eine zentrale strategische Führungsaufgabe des Verwaltungsrats und muss fester Bestandteil im Jahreskalender des VR sein. Als Unterstützung dazu kann das Formular «Aufgaben/Kompetenz-Matrix auf VR & GL-Ebene» (vgl. Anhang) dienen.

2 Strategieprozess

Die Teamzusammensetzung und strategischen Kompetenzen von VR und GL müssen sich in einem wirksamen Strategieprozess niederschlagen. Gerade da liegen auch die Chancen von KMU: in einem klaren und übersichtlichen **Prozess zur Gestaltung und Sicherung der Zukunft**, der auch Raum lässt für Flexibilität und Kreativität.[30]

Ziel des Strategieprozesses ist die Entwicklung, Umsetzung und Erfolgsevaluation einer möglichst einzigartigen, wertschaffenden Strategie. Die Vorstellungen zum Begriff «Strategie» gehen in der Praxis bisweilen weit auseinander, auch innerhalb des gleichen Unternehmens. Wir verzichten hier auf eine wissenschaftliche Diskussion,[31] weisen aber auf die zwei wichtigsten Aspekte hin, die ein praxisrelevantes *Strategie*verständnis umfassen muss:

– **Strategie als Plan**, der die zukünftigen Stossrichtungen und Ziele des Unternehmens umschreibt. Je nachdem, wie breit man diesen *strategischen Plan* fasst, kann er auch einen Analyseteil (z.b. Konkurrenzanalyse) und/oder einen Umsetzungsteil[32] (z.b. Massnahmen und Budgets) beinhalten.
– **Strategie als Positionierung** im Markt, zusammen mit den zugrundeliegenden Wettbewerbsvorteilen, Kernkompetenzen und -prozessen. Die Positionierung kann sich auf heute («wie heben wir uns von der Konkurrenz ab?») oder auf die Zukunft («wie wollen wir uns in Zukunft profilieren?») beziehen.

---

30 diverse Untersuchungen zeigen, dass der Führungsprozess von VR einen grösseren Einfluss auf den Erfolg ausübt als dessen Zusammensetzung (vgl. z.B. Finkelstein/Mooney, 2003; Lorsch/Clark 2008)
31 vgl. Mintzberg et al. (1999); (Lombriser/Abplanalp (2010)
32 dann oft auch als «Business Plan» bezeichnet

Diese Unterscheidung ist in der KMU-Praxis wichtig, will man sich im Klaren sein, ob man nun gerade über den Plan («wohin wollen wir») oder über den Inhalt («welche Wettbewerbsvorteile besitzen wir?») spricht. Eine zentrale Verantwortung des VR ist es nun, mit einem klar definierten Strategieprozess sicherzustellen, dass nicht «nur» ein *Plan* besteht, sondern dass dieser auch inhaltlich den Anforderungen einer *nachhaltigen Strategie* genügt.

Bezüglich der Strategie als *Positionierung* gilt es zu berücksichtigen, dass diese nicht nur auf rational-planerische Weise erlangt werden kann. Nicht selten sind neue Wettbewerbsvorteile auf *ungeplante* Ereignisse zurückzuführen, seien dies nun innovative Einfälle von Mitarbeitenden oder an das Unternehmen herangetragene spezielle Kundenwünsche. Beide bilden den Ursprung interessanter Geschäftsmöglichkeiten. KMU unter Konkurrenz- bzw. Innovationsdruck sollten solche ungeplant auftauchenden (d.h. «emergenten») Strategien bewusst fördern (z.b. über ein wirksames Ideen-Management, aktive Pflege einer Innovationskultur oder Fokus-Gesprächen mit Kunden), dabei aber sicherstellen, dass jene mit Potenzial identifiziert und in die Entwicklung strategischer Alternativen einfliessen.

2.1 Hauptphasen und Beitragsformen von VR und GL

Bevor wir auf die Rollen von VR und GL im Strategieprozess eingehen, gilt es zwischen einer *grundsätzlichen Strategieerarbeitung* und einer *regelmässigen Strategieüberarbeitung* («Strategie-Review») zu unterscheiden. Die Inhalte und Beiträge von GL- und VR-Mitglieder in diesen zwei Grundformen unterscheiden sich wesentlich.

Der Strategieprozess im Überblick

Abb. 11 zeigt die Hauptphasen eines umfassenden Strategieprozesses, der für eine **grundsätzliche Strategieerarbeitung** erforderlich ist. Unsere Erfahrungen in vielen KMU-Strategieprojekten zeigt, dass diese «Vollversion» in folgenden Situation notwendig bzw. empfehlenswert ist:

- es besteht bisher keine formelle Strategie
- die vorhandene formelle Strategie ist aufgrund interner oder externer Entwicklungen in wesentlichen Teilen nicht mehr gültig bzw. stark anpassungsbedürftig (in vielen KMU ist das in der Regel nach 4 bis 6 Jahren der Fall, insbesondere wenn keine oder zu wenig wirksame Strategie-Reviews durchgeführt werden)
- das Unternehmen erzielt seit langem ungenügende oder rückläufige Resultate, die Ursachen dabei sind unklar oder vielfältig
- der langfristige Erfolg des KMU ist aufgrund besonderer Ereignisse oder wichtiger zukünftiger Entwicklungen (z.B. Technologiewandel) unsicher oder gar gefährdet
- die Meinungen auf VR- und GL-Ebene zur optimalen strategischen Ausrichtung divergieren stark und lähmen das Unternehmen
- es besteht zwar formell eine Strategie im VR, mit einer Strategiefestlegung in Zusammenarbeit mit der GL möchte man jedoch das Engagement der operativen Führungskräfte sichern
- neue Eigentümer, VR- oder GL-Teams wollen sich Klarheit verschaffen über die strategische Ausrichtung des KMU
- Gestaltung einer idealen «Stabsübergabe» im Zuge der Unternehmensnachfolge vor allem bei familiengeführten KMU
- die Geldgeber verlangen vom Unternehmen Klarheit über die Strategie.

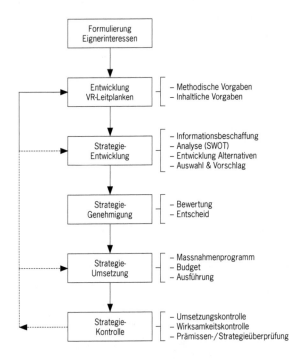

Abb. 11: Phasen und Arbeitsschritte im umfassenden Strategieprozess

Hat ein KMU seine langfristige Ausrichtung einmal festgelegt, sollte es diese in jährlichen **Strategie-Reviews** überprüfen und wenn notwendig anpassen oder korrigieren. Dieser regelmässige Abgleich zwischen externer Entwicklung und interner Ausrichtung führt zum Prozess der *rollenden* Planung (bzw. «Strategiesynchronisation») und erfordert, dass die jährliche Strategiekontrolle nebst rückschauender Kontrolle auch vorausschauende Weiterentwicklung der Strategie umfasst (vgl. weiter unten). Die sequentielle Darstellung in **Abb. 11** darf nicht über eine wichtige Eigenschaft des Strategieprozesses hinwegtäuschen: häufig verläuft er nicht linear sondern iterativ in Schlaufen.

Grundsätzlicher Führungsansatz des VR im Strategieprozess

Das generelle Rollenverständnis des VR im Strategieprozess und der resultierende Beitrag wirken sich wesentlich auf die strategische Arbeit der Geschäftsleitung aus. In der Praxis treffen wir unterschiedliche strategische Führungsansätze an. Sie unterscheiden sich vor allem in zwei Dimensionen:

- *indirekte* Führung: wie konkret gibt der VR **konzeptionell** den Kurs des Unternehmens über Visionen / Leitplanken, Ziele, Strategien etc. vor?
- *direkte* Führung: was für eine Strategie-orientierte **Interaktion** pflegt der VR mit der GL im Rahmen regelmässiger Gespräche, Sitzungen oder Strategieworkshops?

In beiden Dimensionen kann es dabei zu (unerwünschten) Extremausprägungen kommen, in der sich der VR entweder zu stark oder zu schwach engagiert. Abb. 12 ordnet fünf typische Ansätze grafisch ein.

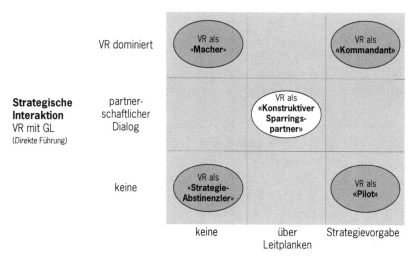

Abb. 12: Strategische Führungsansätze des VR (nach Lombriser 2013)

Die meisten KMU in unserer Untersuchung lassen sich mehr oder weniger einem dieser Ansätze zuordnen:[33]

- VR als «**Strategie-Abstinenzler**»: in einigen (wenigen) KMU kümmert sich der VR überhaupt nicht um die Strategie. Dies weil er entweder gar keinen Nutzen darin sieht, oder (häufiger) weil er die Strategiekompetenz nicht besitzt, die Verantwortung darum faktisch der Geschäftsleitung delegiert und sich auf die (rückwärtsgerichtete) Kontrollfunktion und allenfalls das Absegnen von Strategievorschlägen beschränkt. Da hier der VR auf die echte Erfüllung seiner Oberleitungspflicht verzichtet, ist dieser Ansatz äusserst problematisch.
- VR als «**Pilot**»: in diesem Ansatz führt der VR das Unternehmen konzeptionell (bzw. formell) über einen Plan, ohne jedoch mit der GL eine echte Strategiediskussion zu führen. Dabei entwirft er den strategischen Plan entweder selber (wobei die GL meist Vorarbeit zu leisten hat) oder – was häufiger vorkommt – beauftragt die GL einen solchen zu entwickeln. Im letzteren Fall leistet er nicht wirklich einen substanziellen Beitrag zur Strategieentwicklung (was ihn quasi zum «Auto-Piloten» macht). In beiden Fällen liegt es dann an der GL, den Plan umzusetzen. KMU mit einem Strategie-Ausschuss verfolgen manchmal diesen Ansatz.
- VR als «**Macher**»: in diesem Ansatz steuert der VR das KMU nicht konzeptionell über einen klaren, langfristigen Plan. Vielmehr erfolgen strategisch relevante Entscheide oder Handlungen «ad hoc» unter Dominanz des VR – je nach Bedarf und meist ohne umfassende Analyse. KMU mit einem hohen Anteil an Doppelfunktionen (d.h. VR- und GL-Mitglieder) sind in diesem Ansatz überproportional vertreten.
- VR als «**Kommandant**»: dieser – zum Glück immer seltener vorzufindende – Ansatz wird normalerweise von Patrons gepflegt, die es (meist im Zuge einer Geschäftsleitungs-Übergabe) noch nicht geschafft haben, als VR die nötige Distanz zu wahren. Sie versuchen über enge Strategievorgaben wie auch über (dominant geführte) Interaktionen mit der GL die Geschicke des Unternehmens weiterhin selber zu lenken. Auch dieser Ansatz ist in der Regel nicht zielführend.

---

33 vgl. auch Hendry et al. (2010)

- VR als «**Konstruktiver Sparringspartner**»: der VR gibt in diesem Ansatz die grundsätzliche Marschrichtung vor. Die GL entwickelt innerhalb dieser Leitplanken einen Strategievorschlag, der mit dem VR in einem partnerschaftlichen Dialog intensiv diskutiert wird. Der VR agiert dabei als «Sounding Board», der die Plausibilität der Vorschläge prüft und – falls zweckmässig – konstruktiv eigene Ideen einbringt. Hierbei handelt es sich um einen iterativen Prozess, bei dem die GL allenfalls zusätzliche Entwicklungsarbeit leisten muss und diese dann wiederum mit dem VR diskutiert. Trotz seiner Rolle als Sparringspartner bleibt dem VR die Strategie-Genehmigung vorbehalten.

Tabelle 4 fasst die Vor- und Nachteile der Ansätze zusammen.

VR als «Strategie-Abstinenzler»:

Vorteile:
– keine

Nachteile:
– Verletzung der Oberleitungspflicht
– fehlende strategische Führung durch VR
– Abhängigkeit des VR von GL

Anwendung:
– abzulehnen

VR als «Pilot»

falls Plan durch VR erstellt	falls Plan durch GL erstellt
Vorteile: – ausnutzen von Know-how und langjähriger Erfahrung des VR	**Vorteile:** – detaillierte Produkt/Markt-Kenntnisse der GL
Nachteile: – oberflächliche/sub-optimale Strategien bzw. Überforderung des VR im Falle fehlender Produkt/Markt-Kenntnisse	**Nachteile:** – GL investiert aufgrund operativer Hektik nur ungenügend Zeit in ernsthafte Strategieentwicklung

- Zeitaufwand des VR
- GL auf Informationslieferant reduziert (leistet keinen substanziellen Beitrag)
- fehlende Motivation oder Identifikation der operativen Führung (Autonomieverlust)
- VR kontrolliert «eigene» Strategie

Anwendung:
- allenfalls (temporär) sinnvoll wenn VR Geschäft «im Griff» hat und GL noch nicht über nötiges Know-how verfügt (z.B. im Zuge einer Nachfolgeregelung oder bei Personalunion VRP/CEO)
- bei «heiklen» Projekten (z.b. Übernahmen, Going Public), wo GL befangen sein könnte

- GL schreibt bisherigen Erfolg oft nur fort (ohne echte Alternativen zu entwerfen)
- VR-Rolle auf Annahme/Ablehnung des Plans beschränkt (leistet keine oder nur zu spät substanzielle Beiträge);
- oft wenig sinnvolle «redaktionelle Bearbeitung» durch VR
- fehlende Identifikation des VR
- im Extremfall: Manipulation des VR durch GL

Anwendung:
- nur möglich/sinnvoll wenn GL Geschäft «im Griff» hat und VR aus externen Mitgliedern mit grosser Distanz zum Geschäft besteht (dabei sollte der VR jedoch regelmässig über den Entwicklungsstand informiert werden)

VR als «Macher»

Vorteile:
- schnelles Ausnützen sich bietender Chancen («Management by Opportunity»)
- VR entwickelt besseres Verständnis zum Geschäft und dessen Umfeld
- Unterstützung der GL in der Strategieumsetzung

Nachteile:
- VR fällt viele strategierelevante Entscheide ohne klares Grundkonzept => dadurch inkonsistente oder in sich widersprüchliche Strategien
- fehlende Trennung zwischen Strategie-Entwicklung und -Umsetzung (VR mischt sich zu stark in operative Umsetzung ein)
- VR wird für GL unberechenbar

Anwendung:
- möglich/sinnvoll in einer Krisensituation (z.B. wenn ein Delegierter des VR unter Zeitdruck einen Turnaround durchführen muss, der keinen Raum für umfassende strategische Pläne zulässt)

VR als «Kommandant»

Vorteile:
- keine

Nachteile:
- Motivationsprobleme bei GL; VR wird für GL unberechenbar (überraschende Planänderungen)
- Abhängigkeit der GL von VR (Patron)

Anwendung:
- grundsätzlich abzulehnen

VR als «Konstruktiver Sparringspartner»:

Vorteile:
- Wille und Ideen des VR fliessen in Strategie ein
- VR agiert als Gestalter mit der nötigen Distanz (d.h. ohne sich operativ einzumischen)
- strategischer Beitrag des VR auch ohne detaillierte Produkt/Marktkenntnisse möglich
- höhere Identifikation des VR mit Strategie
- kooperativer Dialog zwischen VR und GL fördert echtes strategisches Denken
- kollektives Know-how von GL und VR wird ausgeschöpft; erhöhte Perspektivenvielfalt
- Eignerinteressen werden über Leitplanken berücksichtigt

Nachteile:
- Zeitaufwand für Interaktion/Dialog
- fehlende konkrete Strategievorgabe in Krisensituation oder bei plötzlichen, radikalen Marktveränderungen
- Trennlinie zwischen engen Leitplanken und konkreter Strategie nicht immer klar

Anwendung:
- grundsätzlich zu empfehlender Ansatz bei kooperativem Verhältnis zwischen VR und GL
- falls genügend Strategie-Know-how in VR vorhanden ist

Tabelle 4: Typische Vor- und Nachteile strategischer Führungsansätze des VR[34]

---

34 vgl. auch Dubs (2006, S. 34)

Auch wenn es Situationen geben kann, wo ein VR als «**Macher**» bzw. «**Pilot**» sinnvoll erscheint (oder kurzfristig die einzige Möglichkeit darstellt), sind wir aufgrund unserer Erfahrung und der Studienresultate überzeugt, dass der Ansatz des «**Konstruktiven Sparringspartners**» anzustreben ist. Der obere Teil von Abb. 13 zeigt die von Hilb vorgeschlagene «W-Form» der strategischen Rollenaufteilung zwischen VR und GL. Die W-Form bringt zum Ausdruck, wer für welche Phase primär *verantwortlich* ist. Sie darf jedoch nicht als strikte Aufgabentrennung missverstanden werden. So weist Hilb darauf hin, dass vor allem bei der Strategieentwicklung ein *kooperatives* Management zwischen VR und GL erstrebenswert ist.[35] Unsere Untersuchung bestätigt dies klar, mit einer wichtigen Ergänzung: es sind jene KMU am erfolgreichsten, die nicht nur in der Strategie-Entwicklung, sondern auch in der Strategie-Kontrolle eine zweckmässige und konstruktive Form der Zusammenarbeit pflegen, in welcher der VR als «**konstruktiver Sparringspartner**» agiert (vgl. «schiefes W» im unteren Teil von Abb. 13).

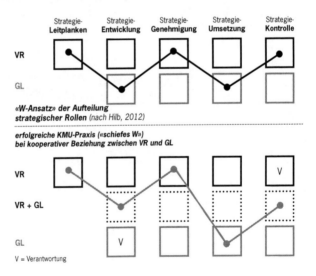

Abb. 13: Strategische Rollenaufteilung zwischen VR und GL

---

35 vgl. Hilb (2010, 2012)

2.2 Die einzelnen Phasen im Strategieprozess

Im Folgenden behandeln wir zuerst den Prozess zur grundsätzlichen Strategieerarbeitung («Vollversion»). Für ein KMU mit gültiger Strategie ohne wesentlichen Erneuerungsbedarf sind vor allem die Ausführungen zur Strategie-Review relevant. Wir gehen hier nicht auf die im Prozess eingesetzten Instrumente[36] ein, sondern auf die Beiträge und das Rollenverständnis von Verwaltungsrat und Geschäftsleitung.

Formulierung der Eignerstrategie durch die Eigentümer
Die Vorstellungen, Interessen und Ziele der Eigentümer üben einen wesentlichen Einfluss auf die zu verfolgende Strategie eines KMU aus. Vorzugsweise sind diese in einer Eignerstrategie[37] formuliert und gegenüber dem VR kommuniziert. Ist keine solche vorhanden, sollte der VR den Inhabern die Entwicklung einer solchen empfehlen oder sich wenigstens Klarheit über deren wichtigsten Interessen verschaffen. **Tabelle 5** zeigt typische Elemente einer Eignerstrategie.

– Leitidee und Unternehmenswerte	– Innovationsorientierung
– Unabhängigkeit	– Wachstum
– Ergebnisorientierung	– Finanzierung
– Verantwortung gegenüber Gesellschaft, Kunden, Lieferanten, Eigentümern und Umwelt	– Risikopolitik
	– Dividendenpolitik
– Struktur der Führung und Art der führungsmässigen Einflussnahme	– Aktionärsbindungsvertrag
	– Umgang mit Aktionärsminderheiten
– Selektion & Förderung von familieneigenen VR- und GL-Kandidaten	– Aktionärswechsel
	– Nachfolgeregelung

Tabelle 5: Typische Elemente einer Eignerstrategie (nach ICfCG, 2009)

---

36 vgl. dazu das nächste Kapitel
37 für Beispiele vgl. Pümpin (1990) und Müller et al. (2014, S. 828 ff.)

Entwicklung strategischer VR-Leitplanken

Viele GL- und vor allem VR-Mitglieder äusserten in unseren Interviews Unsicherheit bezüglich ihrer Rolle im Strategieprozess. Oft ist unklar, wie stark sich der VR in der Strategie*entwicklung* engagieren soll, um seiner Gestaltungsrolle gerecht zu werden, ohne sich jedoch zu stark einzumischen. Unsere Interviews und Erfahrungen aus Projekten zeigen, dass die Verunsicherung über die angemessene Rolle des VR oft auf das Fehlen strategischer «VR-Leitplanken» zurückzuführen ist. Das Formulieren solcher Leitlinien gibt das «Spielfeld» vor, innerhalb dessen sich die zu entwickelnde Strategie bewegen muss.[38]

Fehlen diese Leitplanken, kommt es nicht selten zu einer der oben beschriebenen **Extremausprägungen:**

- der VR übt **überhaupt keinen Einfluss** auf die zu entwickelnde Strategie aus (VR als «Strategie-Abstinenzler»); oder
- der VR **kümmert sich zu stark** um die Strategie, weil er sicherstellen will, dass das Resultat seinen – nicht explizit formulierten – Vorstellungen tatsächlich entspricht (VR als «Macher», «Pilot» oder «Kommandant»).

Unabhängig davon, wie stark sich der VR in der anschliessenden Strategieentwicklung involviert, ist es für ihn somit unabdingbar, klare Leitplanken zu formulieren. Diese sind einerseits aus den Eignerinteressen abzuleiten, andererseits sollen sie die aus seiner Sicht notwendigen strategischen Vorgaben für eine erfolgreiche Zukunftssicherung enthalten. Alle konkreten Strategievorschläge sind auf die Einhaltung dieser Leitplanken zu überprüfen. **Tabelle 6** zeigt eine Übersicht möglicher Leitplanken-Themen und das **VR-Praxisbeispiel 4** konkrete Beispiele dazu.

---

38 die als Teil der Oberleitung oft erwähnten «normativen und strategischen Ziele» decken sich mehr oder weniger mit den hier behandelten Leitplanken.

Strategieprozess

Planungsparameter:	Finanzielle Leitplanken:
– Planungshorizont (z.B. 5 Jahre) – methodische Vorgaben (z.B. Entwicklung von Szenarien und strategischen Alternativen) – zu berücksichtigende Trends/Ereignisse	– Gewinn, Cashflow (absolut oder relativ zum Umsatz); Rentabilität (z.B. ROI) – Umsatzwachstum in Planungsperiode – Investitionsausgaben (vs. Gewinnausschüttung) – Finanzierungsquelle (z.b. extern oder selbsterarbeitet)
Produkt-/Markt-/Technologievorgaben:	**Risiko/Diversifikation:**
– Anteil Exportumsatz in % – Anteil bestimmter Produkt/Dienstleistungs-Bereiche in % (z.b. bei grosser Abhängigkeit von bestimmten Bereichen) – Umsatzanteil von Ländern/Regionen (z.b. Asien) in % – Standorte – Technologiefelder, Umgang mit Lizenzen	– Abbau bestimmter Klumpenrisiken (z.B. bzgl. Kunden, Technologien, Märkten) – anzustrebende Diversifikationsbereiche (z.B. neues antizyklisches Geschäftsfeld) – Absicherung von Währungsrisiken – Vermeidung bestimmter Länder aus politischen Gründen
«Trade-offs» (Verzichtentscheide)	**Unternehmensstruktur**
– zu vermeidende Geschäftsbereiche (z.B. Rüstung; bei Gefahr von Rechtsstreitigkeiten) – zu vermeidende Wertschöpfungsaktivitäten (z.b. keine Eigenproduktion)	– Art und Grösse anzustrebender Übernahmen, Fusionen oder Kooperationen – Wahrung der Unabhängigkeit
Mitarbeiterpolitik:	**Führungsgrundsätze**
– Personalbestand (z.b. keine Entlassungen) – Grundsätze zur Personalentwicklung – Vorgaben zur Qualifikation – Nachfolgeregelungen	– ethische Grundsätze – ökologische Grundsätze – soziale/gesellschaftliche Grundsätze – Grundsätze zu Führung & Zusammenarbeit

Tabelle 6: Mögliche Themen für strategische VR-Leitplanken

Unsere Untersuchung unterstreicht den Wert klar formulierter Leitplanken:
- KMU mit VR-Leitplanken weisen bei allen gemessenen Erfolgskriterien höhere Werte auf als jene ohne
- die vier häufigsten Leitplanken-Themen sind: Rentabilitätsziele (71 %), Finanzierung (61 %), Wachstumsziele (59 %), Produkt- / Leistungsbereiche (55 %)
- am wirksamsten ist dabei eine Liste von ca. *sechs bis acht Leitplanken, welche finanziell-strategische und weiche (z.B. Führungsgrundsätze) Leitplanken kombiniert.*

Konkret bietet die Vorgabe von VR-Leitplanken folgende **Vorteile:**[39]

- die Geschäftsleitung erhält klare Vorgaben statt dass sie bezüglich wichtiger Ziele und Bedingungen im Dunkeln gelassen und selber erfinderisch wird
- der Verwaltungsrat fokussiert sich auf das Wesentliche und verliert keine Zeit in Detailplanungen oder -diskussionen (er muss sich dabei zwar mit Markt- und Unternehmenseigenschaften auseinander setzen, ohne jedoch über genaue Markt- und Produktkenntnisse verfügen zu müssen)
- GL-Mitglieder fühlen sich bei der Entwicklung von Strategiealternativen freier und motivierter. Sie übernehmen diesbezüglich eine stärkere Verantwortung («Ownership»), wenn dank klarer Leitplanken die ständige Anwesenheit von VR-Mitgliedern vermieden wird
- es zwingt (oder befähigt) den Verwaltungsrat zur Wahrnehmung seiner «Gestaltungsfunktion», indem er eine angemessene aktive Rolle in der Strategiegestaltung spielt (statt einfach nur auf Vorschläge zu warten), ohne dabei seine Kontrollfunktion zu kompromittieren (VR als «konstruktiver Sparringspartner»)
- klare VR-Vorgaben geben der GL Sicherheit in kritischen Fragen und führen zu weniger radikalen Änderungsvorschlägen der beantragten Strategie

---

39 vgl. z.B. Kenny (2012)

- im Falle der Personalunion von VR-Präsident und CEO können vom Gesamt-VR verabschiedete Leitplanken die Akzeptanz der Doppelrolle seitens der GL-Kollegen stärken (Vermeidung eines Image des alleinentscheidenden «Patriarchen»).

Nachteile können sich dann ergeben, wenn sie zu eng formuliert sind und so die unternehmerische Freiheit der Geschäftsleitung zu stark einschränken, oder wenn sie aufgrund der Distanz des VR zum Geschäft zu weit (bzw. oberflächlich) oder schlicht nicht zweckmässig sind (vgl. **Abb. 14**)

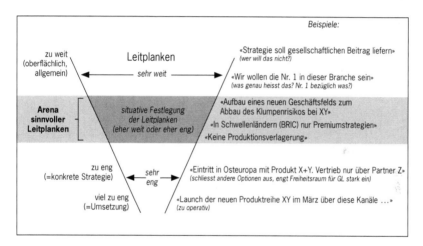

Abb. 14: Weite vs. enge Leitplanken

VR-Praxisbeispiel 4: VR-Leitplanken

Die Bandbreite möglicher Leitplanken zeigen folgende Beispiele aus der Praxis:

- «Ausrichtung der Zeitung auf eine digitale Zukunft» *(KMU im Zeitungsverlag)*
- «Profilierung über hohe Eigenentwicklung und -produktion (Kontrolle der ganzen Wertschöpfungskette), Verkauf nur über Vertriebspartnerschaften.»
  (KMU im Bereich Medizinaltechnik)
- «Aufbau von Differenzierungsvorteilen, keine Kostenführerschaft im Massenmarkt anstreben. Kein Verkauf über Discounter.» *(KMU der Nahrungsmittelbranche)*
- «Wachsen in der Kombination GPS mit mobiler Kommunikation. Planungsrichtlinien: Ausarbeitung je einer Alternative mit oder ohne eigene Chip-Produktion.»
  (KMU der Kommunikationstechnik)
- «Strategievorschlag muss klare Antwort liefern auf den absehbaren Technologiewandel in unserer Branche. Planungshorizont: mittelfristige (3 Jahre) und langfristige (7–8 Jahre) Strategie.» *(KMU der Textil-Branche)*
- «Berücksichtigung folgender Führungsgrundsätze: als KMU mit viel Freiheiten, hoher Eigenverantwortung und vielseitigem Arbeitseinsatz wollen wir unsere Reputation als interessanter Arbeitgeber wahren und somit die strategisch notwendigen Fachkompetenzen sowie eine tiefe Fluktuation sichern. Die zukünftige Positionierung im Markt und die Strategieumsetzung müssen darauf ausgerichtet sein.» *(KMU der Optikbranche)*
- «Reduktion Klumpenrisiko: Verlagerung der Umsatzanteile so, dass der grösste Kunde in 5 Jahren max. 20% ausmacht» *(KMU im Grosshandel)*
- «Der Umsetzungsplan muss die in der Eignerstrategie formulierten (und der GL bekannten) Förderprogramme für Familienmitglieder berücksichtigen.»
  (KMU der Textilbranche)
- «Keine Aufnahme von Schulden. Wachstum muss zu 100% eigenfinanziert sein. ... Schweiz und Liechtenstein sind unsere Märkte, aus gesetzlichen Gründen nicht jedoch Deutschland.» *(KMU der Messtechnik)*

Wichtigste Erkenntnisse aus diesen Beispielen:

- je nach Branche, externer Herausforderung oder VR-GL-Konstellation können VR-Leitplanken eher konkret oder eher grob ausfallen. Je konkreter sie sind, desto klarer geben sie die Richtung vor, aber auch desto weniger Freiraum lassen sie der Strategieentwicklung.
- die Formulierung von Leitplanken hilft dem VR- und GL-Team, ein gemeinsames Strategieverständnis zu entwickeln (z.B. was gehört dazu, was nicht? Wo liegt die Grenze zwischen Vision/Leitbild und Strategie?).

Je umfassender und konkreter ein Verwaltungsrat die Leitplanken vorgibt, desto stärker steuert er die anschliessende Strategieentwicklung bzw. desto weniger «Freiheitsgrade» bestehen diesbezüglich für die Geschäftsleitung. Der Umfang und Konkretisierungsgrad der VR-Leitplanken muss darum situativ an die in VR und GL vorhandenen Kompetenzen, Ressourcen und Führungsphilosophie angepasst werden. Wenn z.b. ein Verwaltungsrat ausgesprochene Markt- und Geschäftskenntnissen besitzt und im Zuge eines GL-Führungswechsels die Kontinuität der bisher erfolgreichen Strategie wahren will, wird er der neuen GL wohl engere Leitplanken setzen als in anderen Fällen.

Ob die Vorgabe von Finanz- und Rentabilitätszielen vom VR an die GL überhaupt sinnvoll ist, und wie ambitiös allenfalls solche Vorgaben sein sollen, darüber sind sich KMU-Praktiker und Governance-Experten nicht immer einig. Aus unserer Erfahrung liefert die Formulierung finanzieller Ziele einen wichtigen Anhaltspunkt für die Erarbeitung wirksamer Strategien. Sie sollten dabei jedoch:

– sowohl *kurz-* und *langfristig* ausgerichtet sein (Beispiel: für ein sanierungsbedürftiges Hotel erfolgt eine Staffelung der EBIT-Ziele: 1. + 2. Jahr 2 %, 3. + 4. Jahr 4 %, 5. + 6. Jahr 8 %)
– immer in Kombination mit weiteren (qualitativen) strategischen Zielen formuliert werden (z.b. Entwicklung neue Produktlinie, internationale Markterschliessung, interne Kompetenzentwicklung).

Nur so lässt sich ein ausgewogenes Verhältnis zwischen kurzfristiger Gewinnerzielung und langfristiger Erfolgssicherung aufrechterhalten und z.b. verhindern, dass ein Wachstum einseitig zulasten der Rentabilität erkauft wird oder kurzfristige Gewinne nur dank Verzicht auf ein branchenübliches Wachstum erzielt werden. Am wirksamsten ist es, wenn sich VR und GL gemeinsam auf eine oder zwei zentrale Erfolgskennzahlen einigen, i.d.R. sind dies der EBIT (absolut oder in % des Umsatzes) sowie die Gesamtkapitalrendite (ROA, ROCE oder ROI). Je nach Situation kann es auch ratsam sein, sich vom CEO einen Vorschlag der Zielwerte machen zu lassen (positiver Motivationseffekt, höheres Commitment der GL).

Auf jeden Fall zu vermeiden sind «brutale» Zielvorgaben, in der Hoffnung, wenigstens 80 % davon zu erreichen. Dazu die Aussage eines Strategieexperten mit über 30-jähriger VR-Erfahrung: «Solche Zielvorgaben werden auch heute noch praktiziert. Immer mit dem gleichen Effekt: der für die Zielerreichung verantwortliche CEO läuft jedes Jahr nach dem Jahresgespräch ‹in kurzen Hosen nachhause›. Das schlägt auf seine Moral und die seines ganzen Teams.»

Es empfiehlt sich, die Entwicklung von VR-Leitplanken in einem speziell dafür bestimmten Workshop (ca. $^{1}/_{2}-1$ Tag) vorzunehmen[40] und anschliessend in einem Dokument «Strategische Leitplanken» (vgl. Muster im Anhang) oder zumindest in einem VR-Protokoll festzuhalten. Hilfreich ist, wenn jedes VR-Mitglied eine oder zwei mögliche Leitplanken in seinem Erfahrungsbereich dazu vorbereitet. Zur Vermeidung eines zu umfangreich bzw. detailliert ausgelegten und damit die GL zu stark einschränkenden Leitplanken-Katalogs lohnt es sich, die Leitplanken im Dialog mit dem CEO oder der Gesamt-GL auszuarbeiten. Dies fördert auch ein gemeinsames Verständnis dafür, was konkret der Inhalt der Strategie sein darf bzw. sein muss.

Strategie-Entwicklung

Eine unklare bzw. unzweckmässige Rollenaufteilung zwischen VR und GL in der Strategie-Entwicklung ist oft darauf zurückführen, dass man zwischen folgenden Teilaufgaben in dieser Phase zu wenig differenziert:

- **Informationsbeschaffung**: wirksame Strategien basieren auf zweckmässigen Informationen aus internen (z.b. Mitarbeiter- und/oder Kundenumfragen, Kostenrechnungen) und externen (z.b. Branchenberichte von Verbänden) Quellen. Die Beschaffung dieser Informationen soll in der Regel durch die GL erfolgen.
- **strategische Analyse (SWOT)**: dazu gehören:
  - die Identifikation von Wettbewerbsvorteilen und Kernkompetenzen
  - das Herstellen wichtiger Zusammenhänge von internen und externen Faktoren

---

40 basierend auf einer durch die GL vorgenommenen (und im VR allenfalls ergänzten) SWOT-Analyse (vgl. Kapitel 3)

- die Identifikation wichtiger externer Trends
- das Ableiten möglicher (externer) Zukunftsszenarien, sowie
- die Zusammenfassung der Resultate in einer prägnanten SWOT-Matrix.

  Diese Teilaufgaben gehören grundsätzlich in den Kompetenzbereich der GL. Es kann jedoch sehr wertvoll sein, die wichtigsten Ergebnisse und Erkenntnisse daraus mit dem VR zu teilen, um bereits hier von seinem konstruktiven Input zu profitieren.
- **Entwicklung strategischer Alternativen**: der kreative Teil der Strategieentwicklung. Es lohnt sich in jedem Fall, mehrere (möglichst unterschiedliche) Alternativen zu entwickeln. Das GL-Team sollte auch hier den Lead übernehmen, denn es besitzt die dazu erforderlichen Produkt/Marktkenntnisse. Zudem führt die Verantwortlichkeit bei der GL zu einer höheren Identifikation mit der schlussendlich ausgewählten Strategie (und sie wird nicht als «Strategie des VR» empfunden). Auch hier bietet es sich in der Regel jedoch an, *nach* der eigenen Entwicklung möglicher Alternativen diese mit dem VR zu reflektieren und aufgrund seines Inputs allenfalls zu schärfen und/oder zu ergänzen.
- **Auswahl und Vorschlag**: eine *erste* systematische Beurteilung (anhand qualitativer und quantitativer Kriterien, inkl. VR-Leitplanken) sowie ein Vorschlag für die beste Alternative sollen ebenfalls durch die GL erfolgen. Das zwingt sie, die Vor- und Nachteile der einzelnen Alternativen im Hinblick auf die Strategie-Genehmigung systematisch zu erfassen.

Die im «schiefen W» von **Abb. 13** erwähnte Zusammenarbeit zwischen VR und GL erhält aufgrund obiger Teilschritte eine klare Konkretisierung. Und zwar in dem Sinne, als dass idealerweise nicht die *ganze* Strategie-Entwicklung *gemeinsam* erfolgt, sondern gezielt in jenen Bereichen, in denen der VR seine Rolle als «konstruktiver Sparringspartner» am besten wahrnehmen kann. Zeitlich kann dies z.B. am Ende eines GL-Workshop erfolgen, wo man in 1–2 Stunden mit der GL gemeinsam deren Analyse und Strategie-Alternativen bespricht und anschliessend separat eine ordentliche VR-Sitzung durchführt.

Oft stellt sich die Frage, ob ein gemeinsamer Dialog mit *allen* VR- und GL-Mitgliedern wirklich die beste Lösung ist, vor allem wenn beide Teams *insgesamt* 7–8 oder gar mehr Personen umfassen. In solchen Fällen bieten sich folgende Möglichkeiten:

- der CEO (als Vertreter) bespricht die Analyse und Alternativen der GL mit dem VR-Team, oder
- das GL-Team bespricht diese mit einem Vertreter des VR (i.d.R. ist das der VR-Präsident).

Eine weitere bewährte Massnahme in der Praxis besteht darin, externe Verwaltungsräte bewusst erst in der nächsten Phase der *Strategie-Genehmigung* zu involvieren, um die bei der Entscheidungsfindung notwendige Distanz und Abgeklärtheit zu wahren. Dies ist jedoch nur dann zu empfehlen, wenn in der Strategie-Entwicklung von den übrigen VR- und GL-Mitgliedern nicht bereits *gemeinsame* Bewertungen vorgenommen oder «Vorentscheide» getroffen werden, welche der externe VR faktisch nur noch annehmen oder ablehnen kann.

«Im Bereich der Gestaltung könnten viele Verwaltungsräte einiges mehr machen. Man muss sich jedoch trauen, und man kommt schnell zur Frage, welches die Rolle des VR und der GL ist. Als VR kann man gut Impulse geben, wenn man sich wirklich auf einen Dialog mit der GL einlässt. Aber: das ist manchmal auch gefährlich, denn dann heisst es schnell, ‹der VR hat das gesagt›. Als VR muss man sich dessen bewusst sein und die Anregungen so anbringen, dass sie wirklich zweckmässig und hilfreich sind. Andernfalls kann man so eine Firma lahmlegen!» *(externer VR, KMU eines Geräteherstellers)*

Strategie-Genehmigung (Prozess der Entscheidungsfindung)

Diese Phase besteht nicht nur aus dem Entscheid an sich. Die wichtigere Teilaufgabe erfolgt bereits davor: in der gemeinsamen Bewertung der von der GL vorgeschlagenen Alternativen. Wichtig dabei ist, die von der GL bereits im Entwurf vorgenommene Bewertung im VR nochmals kritisch zu hinterfragen und zu ergänzen. In diesem Teilschritt ist aus unserer Erfahrung hilfreich, den CEO (allenfalls auch weitere GL-Mitglieder) mit einzubeziehen, in dem er zunächst die Alternativen im Detail vorstellt, deren Bewertung nachvollziehbar darlegt und Fragen oder Anregungen entgegennimmt. Genau in diesem Teilschritt kann ein echter Dialog zwischen VR und GL die nützlichsten Resultate liefern. Nicht selten führt ein solcher intensiv aber konstruktiv geführter Dialog zu Nacharbeiten in der GL, falls z.B. zusätzliche interne oder externe Abklärungen getroffen werden müssen oder eine neue zusätzliche Alternative entwickelt werden soll. Dieser *iterative* Lern- und Gestaltungsprozess benötigt oft zusätzliche Zeit und Geduld, zahlt sich aber spätestens in der Umsetzung aus.

«Eigentlich wollte ich nach der Präsentation unseres Strategievorschlags gleich mit der Umsetzung loslegen! Der VR hat dann in der gemeinsamen Bewertung mit mir noch auf einige offene Punkte und – im Nachhinein muss ich zugeben – berechtigte Lücken hingewiesen. Ehrlich gesagt, fand ich das zunächst ziemlich mühsam. Aber vor allem was den Aufbau eines eigenen Händlernetzwerks betraf, kamen viele gute Inputs von unserem externen VR. Die Nachbearbeitung der schlussendlich gewählten Alternative hat sich sehr gelohnt. Heute bin ich froh hat der VR die Strategie nicht einfach nur abgesegnet.» *(CEO eines KMU im Bereich Luxuskonsumgüter)*

Im Gegensatz zur gemeinsamen Bewertung der Strategiealternativen sollte der eigentliche Entscheid vom VR *alleine* vorgenommen werden (z.B. im Rahmen einer ordentlichen VR-Sitzung, die gleich im Anschluss an den gemeinsamen Workshop mit der GL stattfindet). Gemäss unserer Umfrage wird in ca. 20 % der KMU auch der Entscheid gemeinsam von VR und GL vorgenommen. Die Interviews und unsere eigene Erfahrungen zeigen jedoch, dass es in solchen Fällen aufgrund von Interessenskonflikten nicht selten zu sub-optimalen Entscheiden kommt (z.B. wenn sich der Produktionsleiter aus Eigeninteresse gegen jegliche Verlagerung stellt).

In unseren Interviews wurde von GL-Mitgliedern auffallend oft darauf hingewiesen, dass im eigenen KMU ein klar dokumentierter VR-Entscheid für eine bestimmte Strategie fehlt und auch kein diesbezüglicher Auftrag erteilt wurde. Formell betrachtet empfiehlt es sich darum unbedingt, nicht nur den Entscheid sondern auch eine prägnante Begründung dafür zu protokollieren, sowie der GL einen klaren Auftrag für die Umsetzung zu erteilen. Dies hilft der GL, die Wahl nachzuvollziehen und mitzutragen und die nächsten erforderlichen Schritte in die Wege zu leiten.

Strategie-Umsetzung
Diese Phase umfasst die Planung, Budgetierung und Durchführung der für die Erreichung der strategischen Ziele erforderlichen Aktivitäten. Dabei müssen in der Strategie-Umsetzung zwei Arten von Massnahmen unterschieden werden: (a.) die regelmässig wiederkehrenden Aktivitäten zur Leistungserstellung (auch als operative Tätigkeit oder «Tagesgeschäft» bezeichnet), und (b.) die zusätzlich anfallenden Massnahmen, welche der Umsetzung der strategischen Initiativen dienen (z.b. Aufbau einer neuen Marke, Produktreihe, Entwicklung neuer Kompetenzen usw.). Letztere gilt es in einem Massnahmenprogramm und strategischen Budget gezielt sicherzustellen, um sie vor der operativen Hektik des Tagesgeschäfts zu schützen.

Für beide Tätigkeiten liegt die Verantwortung bei der GL. Insbesondere bei einer grundlegenden Strategieerarbeitung empfiehlt es sich, die Planung und Budgetierung der strategischen Initiativen vom VR genehmigen zu lassen und auch hier vom konstruktiven Input der Verwaltungsräte zu profitieren. Oft können sie aufgrund ihrer Distanz und breiten Erfahrung auf wichtige Stolpersteine und mögliche Lösungswege hinweisen. Auch kann bei speziellen Projekten (z.B. Produktionsverlagerung, internationale Markterschliessung) die Begleitung vor Ort durch externe VR wertvolle Dienste erweisen, so dass auch sie faktisch in die Umsetzung mit eingebunden sind.

Strategie-Kontrolle
Auch in dieser Phase gilt es zwischen verschiedenen Teilaufgaben zu unterscheiden:
- die **Umsetzungskontrolle** prüft, ob die im Massnahmenprogramm definierten strategischen Aktivitäten termin-, qualitäts- und kostengerecht aus-

geführt wurden. Für die GL empfiehlt sich, diese Kontrolle einmal im Quartal durchzuführen und den VR über den Fortschritt in Kenntnis zu setzen.

- in der **Wirksamkeitskontrolle** wird bewertet, ob mit den ergriffenen Massnahmen die anvisierten strategischen Ziele auch erreicht werden. Dazu dienen im Voraus klar definierte Schlüsselkennzahlen («Key Metrics», vgl. Kapitel 3) und Meilensteine («Etappenziele»). Diese Kontrolle sollte zunächst von der GL vorgenommen werden (z.b. halbjährlich) und jeweils danach zusammen mit dem VR-Team oder VR-Präsidenten besprochen werden, damit notwendige Korrekturmassnahmen frühzeitig in die Wege geleitet werden können.

- die **Prämissen- und Strategieüberprüfung**: planmässig umgesetzte Massnahmen und erreichte Ziele weisen zwar auf ein effizientes KMU-Management hin, sie garantieren jedoch nicht, dass die bisher verfolgte Strategie auch in Zukunft die richtige ist. Oft zwingen Veränderungen im wirtschaftlichen, technologischen oder sozialen Umfeld das KMU in der Umsetzung dazu, seine Strategie anzupassen oder – im drastischen Fall – ganz zu überprüfen. Um sich frühzeitig auf diese Möglichkeit einzustellen, sollen darum die der ursprünglichen Strategie zugrunde liegenden Prämissen regelmässig überprüft werden (Beispiele: «Findet der Technologiewandel, von dem wir im wahrscheinlichen Szenario ausgegangen sind, tatsächlich statt und entwickelt er sich voraussichtlich weiterhin so?»; «Deuten die bisherigen Umsätze auf die von uns abgeschätzte zukünftige Nachfrage im Markt hin?»). Im Gegensatz zur vergangenheitsorientierten Umsetzungs- und Wirksamkeitskontrolle ist die Prämissen- und Strategieüberprüfung somit zukunftsorientiert. Sie ist gemäss unserer Untersuchung am wirksamsten, wenn sie das GL-Team (oder wenigstens der CEO) zusammen mit dem VR-Team in Form eines lernorientierten Dialogs durchführt. Die Prämissen- und Strategieüberprüfung ist wesentlicher Teil der jährlichen Strategie-Review (vgl. unten).

Unsere Erfahrungen und die Aussagen in den Interviews weisen darauf hin, dass eine so verstandene vergangenheits- *und* zukunftsbezogene Strategie-Kontrolle eine zentrale Voraussetzung für die erfolgreiche strategische Unternehmensführung bilden.

Strategie-Review

Hat ein KMU einmal eine grundsätzliche strategische Ausrichtung festgelegt, gilt es diese im Rahmen regelmässiger (vorzugsweise *jährlicher*) Strategie-Reviews zu überprüfen und allenfalls anzupassen. Wir ziehen es vor, diese wiederkehrende Art der Überprüfung als Strategie-Review zu bezeichnen. Denn zusätzlich zu den oben beschriebenen Teilaufgaben der **Strategie-Kontrolle** umfasst sie auch die durch die **GL** zu leistende **Vorbereitung** (aktualisierte SWOT mit den wichtigsten internen und externen Entwicklungen oder Inputs des VR, sowie allenfalls Vorschläge zur Strategieanpassung) und den anschliessenden **Workshop**. Dieser findet am besten in Form einer jährlichen Klausurtagung statt (1 oder 2 Tage), an der sowohl das GL- als auch das VR-Team teilnehmen. Wichtig aus Sicht des VR ist dabei, am Schluss der Klausurtagung (z.b. im Rahmen einer angehängten VR-Sitzung unter Teilnahme des CEO) oder relativ bald danach (in einer ordentlichen VR-Sitzung) die wichtigsten Entscheide zu fällen und zu dokumentieren und klare Aufträge an die GL zu formulieren.

> «Die gemeinsame Review mit dem VR bringt ganz gute Diskussionen, indem sie die Aussensicht des VR mit der Innensicht der GL verbindet. Wir investieren für unser Hotel dazu jedes Jahr zwei ganze Tage gemeinsam, die gesamte GL mit allen VR. Oft entstehen dann neue strategische Aufträge, letztes Jahr z.B. für den Aufbau eines zusätzlichen Produktbereichs im Geschäftsfeld ‹Wellness›. Natürlich «krempeln» wir nicht jedes Jahr unsere Strategie damit um, aber es hilft uns, proaktiv wichtige Entwicklungen zu integrieren.» *(externer VR, KMU Hotel)*

Möchte sich der VR auch in den Strategie-Reviews nur an «neuralgischen» Stellen einbringen (z.B. für die Besprechung der Umsetzungs- und Zielkontrolle, für Inputs zur aktualisierten SWOT-Matrix sowie für die gemeinsame Bewertung des Strategievorschlags), kann er dies gemäss Tagungsprogramm in vordefinierten Zeitfenstern machen. Dies zeigt folgendes Zitat:

«Bei uns sind alle drei VR im 2-tägigen Workshop jeweils an bestimmten Eckpunkten dabei. Der VRP führt uns zu Beginn in den Auftrag und die Strategieelemente ein, legt die Leitplanken fest und liefert allenfalls weitere inhaltliche Inputs. Vor und beim Business-Lunch des zweiten Tages sind dann alle drei VR für die Präsentation der Zwischenergebnisse und Diskussion des Strategievorschlags dabei. Am Nachmittag führt der VR separat eine ordentliche Sitzung durch. Am Ende des Workshops kommen die zwei Teams nochmals für ca. eine Stunde zur Festlegung der nächsten Schritte zusammen. Der VR kann und sollte nicht die ganze Zeit dabei sein. Viel wichtiger sind Rückkoppelungen und allenfalls «Kurskorrekturen» in der Mitte des Workshops. Die Anwesenheit zu Beginn, beim Business-Lunch und am Schluss finde ich zentral für eine angemessene Steuerung durch den VR, ohne dass er sich dabei zu stark einmischt.» *(CEO, KMU Industriegüter)*

Abb. 15 zeigt den Ablauf der Strategie-Review in Form eines Prozesses dar. Wir bezeichnen diesen Prozess auch als «Strategie-Synchronisation» oder «rollende Strategieplanung»: er ermöglicht es, auch auf *unplanbare* bzw. auf schwer abzuschätzende Entwicklungen rechtzeitig zu reagieren und stellt dadurch sicher, dass die vorgängig formulierte Strategie nicht einfach «in Stein gemeisselt» wird.

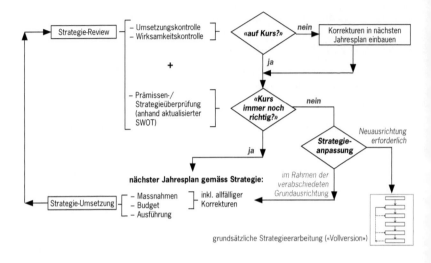

Abb. 15: Ablauf der jährlichen Strategie-Review

2.3 Formelle Regelung des Strategieprozesses

Die Resultate unserer Untersuchung zeigen, dass KMU mit einer *formellen* Regelung des Strategieprozesses und der Zuständigkeiten für die strategischen Hauptphasen bei allen Erfolgskriterien höhere Werte aufweisen als jene ohne klare Regelung. Wir empfehlen dabei folgendes Vorgehen:

– zunächst sollten sich der VR-Präsident und der CEO auf ein zweckmässiges Vorgehen einigen (je nach Fall bezüglich grundsätzlicher Strategieerarbeitung oder Strategie-Review)
– Dokumentation des Ablaufs in einem Prozessplan, der aufzeigt wer in welcher Phase welchen Beitrag leisten soll. Im Anhang finden sich dazu zwei Musterbeispiele (a. Prozess «Grundsätzliche Strategieerarbeitung» für XY-AG; b. Prozess «Strategie-Review» für XY-AG)
– die VR- und GL-Mitglieder werden diesbezüglich informiert, zusammen mit den entsprechenden Vorbereitungsaufträgen und Einladungen (vgl. Anhang).

- Integration der Strategie-Review im Führungskalender.[41] Dieser hält fest, welche Schwerpunkte jeweils an welchen VR-Sitzungen des Jahres behandelt werden sollen.

«Ich habe als VR-Präsident zusammen mit dem CEO die Strategie überarbeitet. Der Gesamt-VR war dann davon völlig überfordert und fühlte sich total überrumpelt. Banale Erkenntnis: man sollte Regeln aufstellen, wie die Aufgabenteilung im Prozess erfolgen soll.» *(VR-Präsident, KMU IT-Dienstleistung)*

2.4 Situative Elemente im Strategieprozess

Eine generelle Regelung des Strategieprozesses ist zwar zu empfehlen, sie soll in Spezialsituationen jedoch nicht zu starr aufgefasst werden und so die notwendige Flexibilität verhindern. Folgende Situationen oder Spezialprojekte erfordern eine zweckmässige Anpassung der oben beschriebenen Rollenaufteilung:

- **Grösse und Ressourcen im VR- und GL-Team:** überschreitet das kombinierte VR- und GL-Team eine Grösse von ca. 8-10 Personen, leiden gemeinsame Workshops in der Regel unter mangelnder Effizienz. Hier bietet sich die Arbeit in parallel tagenden Sub-Teams an (mit entsprechend höherem Koordinationsaufwand). Andererseits kann es bei sehr kleinen GL-Teams erfordern, dass bestimmte VR-Mitglieder in der Strategie-Entwicklung bereits bei der Informationsbeschaffung und -analyse unterstützend mitwirken.
- **Kongruenz von VR und GL:** der Hinweis auf einen gemeinsamen Strategiedialog zwischen VR und GL macht wenig Sinn, wenn es sich bei den VR- und GL-Mitgliedern um die gleichen Personen handelt. Trotzdem bzw. gerade hier ist es jedoch wichtig, die Führungsaufgaben *rollen-* und nicht *personen*bezogenen wahrzunehmen, z.B. durch eine strikte Trennung der VR-Sitzungen von jenen der GL. Die Rolle des «konstruktiven Sparringspartners» kann hier allenfalls auch ein erfahrener externer Experte/Berater spielen.

---

41 vgl. Müller et al. (2014, S. 862)

«Wir haben einen separaten Strategieprozess in Angriff genommen, weil wir in unseren ad-hoc «Pseudo»-Strategiesitzungen immer ein Durcheinander hatten. Wir haben da immer Strategie mit Operativem vermischt, weil wir alle drei sowohl in der GL als auch im VR vertreten sind.» *(VR- und GL-Mitglied, KMU der Finanzbranche)*

- **Lebensphase des KMU:** die GL eines KMU in der Start-up- oder starken Wachstumsphase wird bei strategischen Fragen vermutlich intensiver und häufiger mit dem VR zusammenarbeiten müssen, v.a. wenn auch wichtige Finanzierungsfragen zu klären sind.
- **Dringliche Abklärungen oder Entscheide:** unerwartete Entwicklungen im Wettbewerb (z.b. Zusammenschluss oder Konkurse wichtiger Konkurrenten) oder überraschende Ereignisse im KMU (z.b. gleichzeitiger Abgang mehrere Schlüsselpersonen) kann eine Intensivierung der strategischen Zusammenarbeit zwischen VR und GL erfordern.
- **starker Negativtrend der finanzielle Ergebnisse** (evtl. verbunden mit Überschuldung): wenn «die Dinge aus dem Ruder laufen», gehört es – als Teil der Oberleitung – zur Pflicht des VR, einzugreifen (und zwar auch in operative Belange).[42] Dies oft mit der Konsequenz, dass wichtige und strategierelevante Entscheide ohne umfassenden (zeitintensiveren) Strategieprozess gefällt werden müssen.
- **interne Projekte mit Verunsicherungs- oder Ablenkungspotenzial:** gewisse Projekte können eine GL verunsichern, ablenken oder gar lahmlegen. Dazu gehören z.b. Finanzierungsprojekte (z.b. Going Public; Aktienbeteiligungsprogramme) oder Nachfolgeregelungen. Auch in diesen Situationen ist normalerweise ein aktiveres Engagement des VR erforderlich.
- **Fusionen/Übernahmen:** vor allem wenn mögliche Übernahmen oder Fusionen dem Zeitdruck unterworfen sind, ist ein stärkeres Engagement des Verwaltungsrats (bzw. einzelner Verwaltungsräte) gefragt. Kommt der Vorschlag für eine Übernahme aus der GL, ist besonders Vorsicht geboten, denn oft neigt diese zu einer Überschätzung der Chancen und Unterschätzung der Risiken eines solchen Projekts. Dies bedingt zusätzliche – meist

---

42 Buob (2003, S. 15)

zeitintensive – Abklärungen seitens des VR. Initiiert der VR selber ein solches Projekt, führt eine zu frühe Beteiligung der GL-Mitglieder nicht selten zur Verunsicherung (z.b. aus Angst vor Positionsverlust).

2.5 Zeitliche Aspekte

Die zwei oben vorgestellten Prozesse der *grundsätzlichen Strategieerarbeitung* und der *regelmässigen Strategieüberprüfung* (Review) verdeutlichen eines klar: echte strategische Unternehmensführung erfordert Zeit! Zum einen für die Vorbereitung und Durchführung von Strategietagungen bzw. Workshops; denn eine Strategie kann nicht wirklich seriös im Rahmen einer üblichen GL- oder VR-Sitzung vorausschauend überprüft, geschweige denn von Grund auf erarbeitet werden. Zum anderen muss ihr vom VR auch im Rahmen der üblicherweise 4–6 Sitzungen pro Jahr genügend Beachtung geschenkt werden. Die Resultate unserer Untersuchung unterstreichen dies:

- 70% der KMU führen regelmässig 1- oder 2-tägige Workshops für die Strategieüberprüfung durch; die überwiegende Mehrheit davon 1 x pro Jahr, einige auch häufiger.
- KMU mit *regelmässigen Strategieworkshops* weisen bei allen Erfolgskriterien *höhere Werte* auf als solche ohne.
- 47% der VR-Teams thematisieren die Strategie nur *einmal* pro Jahr *gemeinsam* (im Rahmen eines Workshop oder einer üblichen VR-Sitzung); 42% thematisieren sie *mehrmals pro Jahr gemeinsam* an regelmässigen VR-Sitzungen; die restlichen 11% nur alle 2–3 Jahre oder seltener.
- die Zufriedenheit mit der Aufgabenaufteilung zwischen VR + GL und mit der strategischen Führung insgesamt ist dann am höchsten, wenn das VR-Team die Strategie *mehrmals pro Jahr gemeinsam* thematisiert.
- GL-Mitglieder beurteilen die *zeitliche Investition ihres VR für Strategie* viel negativer als die VR-Mitglieder selber: 43% der GL-Mitglieder beurteilen sie als zu gering, im Vergleich zu nur 21% der VR-Mitglieder.[43]

---

43 Auswertung ohne Mitglieder mit Doppelfunktionen

Traktandierung der Strategie in VR- und GL-Sitzungen

Im Durchschnitt führt eine **Geschäftsleitung** eines KMU alle zwei Wochen eine gemeinsame Sitzung durch. Aufgrund der Dringlichkeit operativer Problemstellungen bleibt in solchen Sitzung jedoch selten Zeit für die Behandlung strategischer Themen.[44] Zur Sicherstellung der strategischen Arbeit empfiehlt es sich darum, mindestens einmal im Quartal eine «Strategie-Sitzung» durchzuführen, in der hauptsächlich der Fortschritt der Umsetzung sowie allenfalls wichtige neue externe Entwicklungen besprochen werden.

Berücksichtigt man die oben präsentierten Resultate zur zeitlichen Behandlung von Strategiethemen im **Verwaltungsrat**, lässt sich die Strategie-Arbeit im VR wie folgt sicherstellen:

- Pflege eines **Führungskalenders**[45], in dem die jährlich zu behandelnden Geschäfte auf die 4 – 6 VR-Sitzungen verteil werden.
- Integration der **Strategie** im Führungskalender. Dazu gehören:
    - die 1- oder 2-tägigen Strategie-Reviews (teilweise gemeinsam mit der GL)
    - jährlich wiederkehrende Strategie-Themen, die an einer bestimmten ordentlichen VR-Sitzung behandelt werden sollen (typische Themen sind bspw. Risk Management, Kompetenzen / HR, Produktentwicklungen / Innovationen)
- **Traktandierung** der Strategie an jeder **ordentlichen VR-Sitzung**. In der Praxis gehen die Meinungen zwar manchmal darüber auseinander, ob die Strategie an jeder ordentlichen VR-Sitzung behandelt werden soll. Skeptiker weisen dabei regelmässig auf die ohnehin schon überfüllte Traktandenliste hin. Wir empfehlen trotzdem, die Strategie zu einem ständigen Thema zu machen. Besitzt ein KMU bereits eine klar formulierte Strategie und überprüft sie diese in jährlichen Reviews, kann ein VR in den ordentlichen Sitzungen das Strategiethema in der Regel recht zügig behandeln, und trotzdem – falls nötig – zeitnah intervenieren. Dazu eignen sich folgende zwei Fragen an jeder VR-Sitzung:

---

44 vgl. z.B. Wehrli / Mountfield (2007)
45 Müller et al. (2014, S. 862)

- sind wir bei der Strategieumsetzung «auf Kurs»? (am besten mit vorgängiger Kurzinformation zum Stand der Meilensteine und Schlüsselkennzahlen)
- gibt es wichtige aktuelle (interne und/oder externe) Entwicklungen, welche einen Einfluss auf unsere Strategie haben (könnten)?

«Bei uns ist das Thema Strategie auf *jeder* Traktandenliste drauf. Und zwar gleich zuoberst, denn das ist letztlich unser Hauptjob! Meist dauert das dann nur kurz, 10 Minuten oder so. Das ist so aber nur möglich, weil wir ja daneben unseren jährlichen Strategieworkshop durchführen.» *(VR-Präsident, KMU im IT-Bereich)*

2.6 Strategieberater

Vielen KMU stellt sich regelmässig die Frage, ob sie in ihrem Strategieprozess von einem externen Moderator/Berater begleitet werden sollten. **Tabelle 7** fasst die möglichen Vor- und Nachteile zusammen.

Vorteile von Strategieberatern:	Nachteile von Strategieberatern:
– verfügen über prozessuale und methodische Strategie-Kompetenz – besitzen psychologisches Know-how für erfolgreiche Prozessgestaltung und zur Überwindung von Schwierigkeiten – können die Teilnehmenden «zwingen», aus der Tagesroutine auszubrechen, da sie nicht an interne Rücksichtnahmen gebunden sind – können ein Abdriften auf operative Themen verhindern – können Selbstverständlichkeiten leichter hinterfragen und provokative Ideen einbringen – können als Aussenstehende die Dynamik der Gruppe objektiver steuern und Konflikte durch Ausgleich produktiv lösen – vereinbarte Termine mit Beratern sind schwieriger zu verschieben (d.h. strategische Arbeit kann nicht so leicht hinausgezögert werden)	– finanzieller Aufwand – nehmen evtl. zu stark Einfluss auf den Strategieinhalt (ohne das Geschäft wirklich zu kennen) – zwingen die KMU-Führung zu stark in einen vorgefertigten Raster (fehlende Flexibilität) – GL und/oder VR schieben Verantwortung für Strategie an Berater ab – fehlende Markt-Kenntnisse des VR können auch externe Berater nicht lösen (diese sind stark auf Input der GL angewiesen)

Tabelle 7: Potenzielle Vor- und Nachteile beim Einsatz von externen Strategieberatern[46]

---

46 vgl. Lombriser et al. (2011, S. 181)

VR-Praxisbeispiel 5:
Umfassender Strategieprozess in KMU – Luxus oder Notwendigkeit?

Ein KMU aus der Elektronikbranche verzeichnet seit Jahren kontinuierlich wachsende Umsätze. Der Personalbestand hat sich in den letzten 8 Jahren von 25 auf 50 verdoppelt. Das Unternehmen wird geleitet vom Gründer und Inhaber, als CEO und VR-Präsident in Personalunion. Trotz insgesamt erfreulicher Geschäftsentwicklung stellt sich für den Eigentümer (aufgrund teils unkoordinierter Aktivitäten und verlustbringender Projekte) die Frage, wie – bzw. ob überhaupt – das Unternehmen weiter wachsen soll. Nach anfänglicher Zögerung entschliesst er sich, zusammen mit GL und VR den Prozess einer grundsätzlichen Strategieerarbeitung zu durchlaufen, unter Begleitung eines erfahrenen externen Strategieexperten. Der Ablauf gestaltet sich wie folgt:

- (½ Tag): Eigenständige Entwicklung einer Eignerstrategie; Diskussion der Eignerstrategie und Entwicklung der VR-Leitplanken zusammen mit seinen zwei (externen) VR-Kollegen. Die wichtigste Leitplanke darin ist, dass sich das Unternehmen zunächst «konsolidieren» sollte und in den nächsten 5 Jahren auf nicht mehr als 60 Beschäftigte wachsen sollte.
- (3 Workshops, verteilt auf 3 Monate): SWOT-Analyse und Entwicklung von vier unterschiedlichen Alternativen durch die GL (unter Einsatz des KMU*Star-Navigators und Moderation durch den Strategieexperten). Die dreiköpfige GL bereitet auf jeden Workshop einen ersten Entwurf vor (Zeitaufwand ca. je 3 Stunden im GL-Team), der im Workshop intensiv besprochen und gemeinsam weiterentwickelt wird.
- (½ Tag): Präsentation der Alternativen vor den zwei externen VR-Mitgliedern, mit anschliessender intensiver Diskussion.
- (1 Tag): Integration der Vorschläge in der Weiterentwicklung der Alternativen durch das GL-Team; danach Bewertung und Vorschlag an den VR.
- (½ Tag): Bewertung des Vorschlags durch den VR, mit anschliessender Genehmigung.
- (½ Tag): Entwicklung des Massnahmenplans und des Projektbudgets für die nächsten 12 Monate durch die GL. Anschliessend Genehmigung durch den VR.

Resultat:

- statt quantitativ «wie wild» weiterzuwachsen, entscheidet sich das KMU für ein qualitatives Wachstum.
- die über ein halbes Jahr dauernde Strategieerarbeitung mit Vorbereitungen und Workshops erfordert in diesem Fall zwar eine Zeitinvestition von total ca. 20 Personentage; aus Sicht des CEO/VRP wird dies nun dank einer klareren Ausrichtung und Verzicht auf unrentable und nicht strategiekonforme Projekte mehr als wettgemacht.

Wichtigste Erkenntnisse aus diesem VR-Fall:

- ein umfassender Strategieprozess ist eine zeitliche Investition für die Zukunft, kann aber auch bereits kurzfristig helfen, (unnötige) operative Hektik abzubauen.

3 Strategische Instrumente

Der im vorherigen Kapitel beschriebene Strategieprozess kann seine volle Wirkung in KMU nur dann entfalten, wenn er mit zweckmässigen Planungs- und Umsetzungs-Instrumenten unterstützt wird. Diverse Studien haben in den letzten Jahren den Einsatz strategischer Management-Instrumente in KMU untersucht. Zusammenfassend lässt sich sagen, dass 30 bis 40% der KMU die im Strategieprozess eingesetzten Instrumente und die sich daraus ergebende Methodik als ungenügend einschätzen. Dafür gibt es verschiedene Gründe. Entweder kommt eine auf Grossunternehmen ausgerichtete Methodik zum Einsatz, die für KMU zu komplex und zu aufwändig ist; oder aber es wird mit sehr oberflächlichen Checklisten gearbeitet, welche der strategischen Problematik, die sich auch einem KMU stellt, nicht gerecht werden.

Die dabei gemachten negativen Erfahrungen führen auch heute noch hie und da zu einer Skepsis gegenüber dem Einsatz eines systematischen strategischen Managements in KMU. Diese kann mit einem pragmatischen und dennoch zielführenden Strategie-Instrument überwunden werden, welches die typischen Bedürfnisse und Rahmenbedingungen von KMU berücksichtigt. Die Entwicklung des KMU*STAR-Navigators (finanziell unterstützt durch das KTI des Bundes[47]) diente genau diesem Ziel. Mittlerweile setzen viele KMU dieses Instrument schon über einige Jahre erfolgreich ein.

Nebst dem KMU*STAR-Navigator gibt es diverse weitere Strategie-Instrumente. Manche davon decken jedoch nur bestimmte Teilbereiche oder Phasen des strategischen Managements ab (z.B. Businesspläne für Start-up, Inno-

---

47 Kommission für Technologie und Innovation (KTI)

vation oder Internationalisierung; Business Model Generation). Ungeachtet des gewählten Instruments sind vor allem folgende Punkte zu beachten:

- der Verwaltungsrat (bzw. der VR-Präsident) muss sich mit dem CEO auf die Wahl der Methodik und einzusetzenden Instrumente einigen.
- alle Hauptphasen des Strategieprozesses (vgl. Kapitel 2) sollen darin abgedeckt werden.
- bei grösseren KMU mit mehreren Bereichsstrategien ist es unbedingt ratsam, diese Teilstrategien einheitlich mit dem gleichen methodischen Ansatz zu entwickeln und umzusetzen. Dies ermöglicht eine zweckmässige Konsolidierung für das Gesamtunternehmen.

Wir präsentieren in diesem Kapitel eine Übersicht jener Instrumente, die aus unserer Sicht in das strategische Repertoire jedes KMU gehören. Dabei fokussieren wir uns auf den jeweiligen Zweck bzw. Nutzen und auf die zu beachtenden kritischen Punkte. Dies soll dem Leser helfen, die im eigenen KMU angewandte Methodik zu reflektieren und allfällige Lücken zu identifizieren. Eine ausführlichere Anleitung des KMU*STAR-Navigators sowie das Software-unterstützte Strategie-Tool finden sich bei Lombriser/Abplanalp/Wernigk (2011).[48]

3.1 Strategische Relevanz allgemeiner Management-Instrumente

Zunächst stellt sich die Frage, welche Rolle die mittlerweile auch in KMU weitverbreiteten Managementkonzepte wie **Qualitätsmanagement** (TQM, ISO Zertifizierungen, EFQM Business Excellence etc.), **Prozessmanagement** (Business Process Engineering) oder **Internes Kontrollsystem** (IKS, inkl. **Risikomanagement**) im strategischen Management eines KMU spielen.

Richtig eingesetzt, leisten diese Instrumente äusserst wertvolle Dienste im unteren Bereich der in Kapitel 1 vorgestellten STOP-Matrix: sie sollen eine möglichst exzellente, störungsfreie und im Einklang mit der Unternehmensstrategie stehenden Leistungserbringung sicherstellen. Darüber hinaus

---

48 vgl. www.kmu-star.ch

unterstützen sie das KMU in der kontinuierlichen operativen Verbesserung. Bezogen auf den Strategieprozess kommen sie somit vor allem in der Strategie-Umsetzung zum Tragen. Oft bildet eine neue oder überarbeitete Strategie den Auslöser für die Einführung solcher Instrumente. Ihr Einsatz kann aber auch wertvollen Input bei der Strategie-Entwicklung liefern. So kann eine im TQM oder IKS integrierte Risikoanalyse auf ein grosses Klumpenrisiko hinweisen und dabei grundlegende strategische Fragen bezüglich Produkte oder Kundensegmente aufwerfen.

«Unser TQM wurde ja aus unserer Strategie initiiert, als wir gemerkt haben, dass wir unsere Prozesse nicht im Griff haben. Ich bereite dazu auf unsere VR-Sitzung vom Dezember eine Liste vor. Dort schauen wir jedes einzelne Risiko bezüglich Wahrscheinlichkeit und Auswirkung an, und überlegen uns (bei Rot) welche Massnahmen wir ergreifen müssen. Konkret hatten wir einmal ein Lieferanten-Klumpenrisiko (er war für mehr als 50 % unseres Umsatzes verantwortlich). Weil es zweimal nacheinander rot war und weil der Lieferant teilweise auch unzuverlässig war, hat das ganze VR-Team – als eine der definierten Massnahmen – diesen Lieferanten vor Ort in Deutschland besucht und Gespräche mit dem Inhaber geführt. Die Einsicht war, dass dieser Lieferant wirklich ‹unheilbar› sei und wir definierten folglich die Strategie, die Lieferantenbasis zu verbreitern. Jetzt haben wir nicht nur zwei Hauptpartner, die uns mit Software beliefern, sondern sechs Key-Lieferanten.
Auch im Personellen haben wir mit meiner Person ein Risiko. Also mussten wir eine Top-Geschäftsleitung aufbauen, was zu einer Reorganisation mit drei autonomen Produkt-Bereichen führte. Dies kam uns zugute als ich für einige Monate aus gesundheitlichen Gründen ausfiel.» *(CEO und VR-Präsident, KMU im IT-Bereich)*

Es bleibt jedoch klar festzuhalten, dass keiner der oben erwähnten Managementansätze wirklich hilft, das Unternehmen *strategisch* auszurichten. Grundlegende Fragestellungen zur Positionierung, zu den Wettbewerbsvorteilen und Kernkompetenzen kommen in diesen Ansätzen generell zu kurz.

«Risikomanagement im Rahmen des TQM ist zwar wichtig für die Überlebensfähigkeit in den nächsten ein, zwei Jahren. Aber es hilft überhaupt nicht, die eigenen ‹blinden strategischen Flecken› aufzudecken. Da braucht es andere Instrumente!» *(GL- und VR-Mitglied, KMU im Treuhandbereich)*

Die **Kostenrechnung** ist ein weiteres allgemeines Management-Instrument, das gleichzeitig auch eine wesentliche Grundlage für zukünftige Strategieentscheide bildet. Leider verfügen auch heute noch viele KMU dafür nur über ein rudimentäres System, insbesondere ohne Kostenträgerrechnung. Fehlt diese, bleiben gemäss Schneider (2002) wichtige strategische Fragen unbeantwortet:

«Man weiss nicht genau, wo man gutes Geld verdient oder verliert. Die Frage nach dem ‹Warum› stellt man sich deshalb erst gar nicht. Wenn [der Unternehmer] nicht weiss, *mit welchen Sparten* und *warum* er gute Erträge erzielt, ist er zwar sicher viel besser dran als jener Unternehmer, der nicht weiss, wo und warum er sein Geld verliert. Aber auch das erstere ist beunruhigend. Es kommt aber sehr häufig vor. Fundament einer erfolgreichen Geschäftstätigkeit in der Zeit laufender Margenerosion ist nun aber einmal präzises betriebliches Rechnungswesen.»[49]

Gemäss OR 716a ist es die Pflicht des VR, das Rechnungswesen so auszugestalten, dass es als zuverlässiges Führungsmittel taugt.

3.2 Grundsätzliche Methodik des Strategischen Managements[50]

Jede fundierte Strategie-Methodik umfasst eine *Unternehmens-* und eine *Umwelt*-Analyse. Oft wird erstere dabei in Stärken und Schwächen zusammengefasst, letztere in Chancen und Gefahren. Diese simple Einteilung führt in der Diskussion zwischen VR und GL manchmal zu Missverständnissen oder einer nicht zielführenden Auseinandersetzung darüber, ob nun z.B. ein bestimmter Punkt als Stärke oder Chance betrachtet werden soll. Der Grund

---

49 Schneider (2002, S. 15)
50 eine detaillierte Beschreibung der in diesem Abschnitt diskutierten Methodik und Instrumente findet sich bei Lombriser / Abplanalp / Wernigk (2011, S. 39 ff.)

dafür liegt darin, dass einerseits interne und externe Faktoren meist miteinander verknüpft sind und man andererseits bei den extern Faktoren nicht sauber zwischen *tatsächlichen* Ereignissen und *möglichen* (bzw. *wahrscheinlichen*) Entwicklungen unterscheidet. Man kann dieses Problem lösen, indem man die SWOT-Analyse entlang der Zeitdimension vornimmt (vgl. **Abb.16**):

– die *Stärken und Schwächen* beziehen sich auf die *aktuelle Situation* (d.h. das heutige «Ist»), wobei diese vorwiegend (aber nicht ausschliesslich) interne Faktoren umfassen.

– die *Chancen und Gefahren* decken *zukünftige Entwicklungen* und *Ereignisse* ab, die einen positiven oder negativen Einfluss auf das KMU ausüben werden (bzw. könnten). Auch wenn es sich hier vorwiegend um eine externe Betrachtung handelt, können ebenso interne Faktoren eine Rolle spielen (z.B. Abgang wichtiger Know-how-Träger).

Diese Zuordnung zwingt einen, klar zwischen der bisherigen Lage und der zukünftig zu erwartenden Entwicklung zu unterscheiden und vermeidet die in der Strategiediskussion problematische Vermischung von «was heute *ist*» und «was morgen sein *wird* oder sein *könnte*».

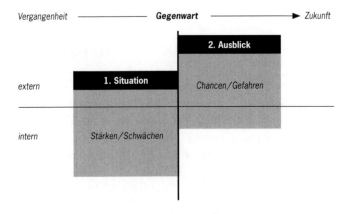

Abb. 16: SWOT-Analyse im Zeitablauf (nach Lombriser et al. 2011, S. 41)

3.3 Instrumente für Eignerstrategie und VR-Leitplanken

Mit einer **dokumentierten Eignerstrategie**[51] können die Aktionäre eines KMU ihre Zielvorstellungen und Grundsätze formulieren und sich und den VR verpflichten, danach zu handeln. **Tabelle 5** (Kapitel 2 «Strategieprozess») bietet eine Liste möglicher Themen, die darin geklärt werden können.

Die schriftlich fixierte Eignerstrategie dient als Basis zur Formulierung **strategischer Leitplanken** durch den VR. Diese sollen ebenfalls verbindlich dokumentiert werden (vgl. dazu das Musterbeispiel im Anhang). Strategisch relevante Punkte können dabei aus der SWOT-Analyse, aus einem möglichst ganzheitlich[52] ausgerichteten (gültigen) Leitbild oder aus schriftlich fixierten Führungsgrundsätzen entnommen werden. **Tabelle 6** (Kapitel 2 «Strategieprozess») kann dabei als Liste konsultiert werden. Die VR-Leitplanken dienen der GL als Anhaltspunkte für die Entwicklung möglicher Strategien.

3.4 Instrumente zur Strategie-Entwicklung

Tabellen 8, 9 und 10 liefern eine Übersicht der wesentlichen Instrumente zur Strategie-Entwicklung, deren Zweck sowie zu beachtende kritische Punkte. Sie können auch als **Checkliste** für das eigene KMU dienen. Folgende Hinweise zur Methodik der Strategie-Entwicklung erscheinen uns besonders wichtig:

- **Kostenrechnung**: eine Kostenrechnung kann nur dann eine Grundlage für wichtige zukünftige Entscheide bilden, wenn sie nach sinnvollen strategischen Kriterien gegliedert ist. In der Regel sollen sich die in der strategischen Segmentierung definierten Strategischen Geschäftseinheiten (SGE) im System wiederfinden, das heisst der finanzielle Erfolg der einzelnen SGEs muss daraus ersichtlich werden. In vielen KMU erfolgt der Aufbau des Systems jedoch nicht nach strategischen sondern mehr nach

---

51 für ein Musterbeispiel vgl. z.B. Müller et al. (2014, S. 828 ff.)
52 d.h. es berücksichtigt alle wichtigen Stakeholder wie Eigentümer, Mitarbeitende, Kunden und Mitwelt (d.h. soziale, ökologische Interessen)

praktischen Überlegungen, also wie es am einfachsten oder historisch entwickelt worden ist. Es liegt nun in der Verantwortung des VR dafür zu sorgen, das Rechnungswesen so zu gestalten, dass es wichtige finanzielle Hinweise bei strategischen Überlegungen liefern kann (vgl. das **VR-Praxisbeispiel 6**)

- **Konkurrenz-/Marktanalyse:** viele KMU begründen eine fehlende fundierte Konkurrenz- oder Marktanalyse mit dem Hinweis auf die beschränkten zeitlichen oder finanziellen Ressourcen in ihrem Unternehmen. Einen solchen Engpass kann man überwinden, indem man diesbezüglich Projekte an Fachhochschulen oder Universitäten vergibt; eine auch heute noch viel zu wenig genutzte Möglichkeit für KMU. Typische Themen, die sich zur Vergabe solcher Projekte eignen sind: Markt-/Kundenabklärungen, Bedürfnis-Analysen, oder die Entwicklung von Marketing-, Produktions- und Personalkonzepten. Die Qualität der Resultate solcher meist über mehrere Monate andauernden Gruppen- oder Einzelarbeiten auf Bachelor- oder Masterstufe überrascht KMU Führungskräfte oft positiv.
- **Analyse der Wettbewerbsvorteile und -nachteile** (Teil der Konkurrenzanalyse): hierzu hat sich in den letzten Jahre das Instrument der Wertkurve sehr bewährt (vgl. **Abb. 17**). Sie zeigt grafisch und konkret (statt abstrakt) auf, wie gut das Unternehmen im Vergleich zu den wichtigsten Konkurrenten bezüglich Preis und den aus Kundensicht wichtigsten Nutzenkriterien abschneidet (d.h. in welchen Nutzendimensionen es Vor- oder Nachteile besitzt). Die Wertkurve kann auch wertvolle Hinweise zur Entwicklung einer möglichst einzigartigen Wettbewerbsstrategie liefern.

Strategische Instrumente 91

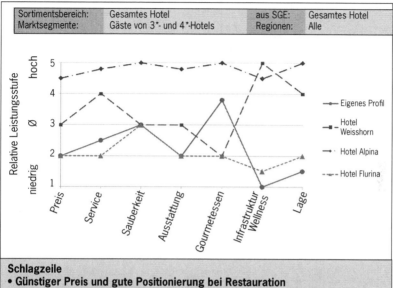

Abb. 17: Beispiel einer Wertkurve für ein Hotel[53]

---

53 Lombriser/Abplanalp/Wernigk (2011, S. 150)

Instrument/ Arbeitsschritt	Zweck/ Kurzbeschreibung	Kritische Punkte aus VR/GL-Sicht
– Kostenträgerrechnung	– Analyse der aktuellen finanziellen Situation (wo verdienen wir Geld? wo verlieren wir?) und der Entwicklung der letzten Jahre	– VG/GL muss dafür sorgen, dass eine solche überhaupt besteht – so gut wie möglich sollte sie nach strategischen Überlegungen gegliedert sein
– Produkt-/ Markt-Matrix	– Übersicht über die Produkte/Dienstleistungen, Kundensegmente und Marktregionen in einer Matrix – dient als Grundlage für die strategische Segmentierung	– oft fällt diese entweder zu grob oder zu detailliert aus – zweckmässig sind nicht mehr als 6–8 Leistungsbereiche (d.h. Produkt-/Dienstleistungs-Bereiche) pro KMU
– Strategische Segementierung	– Zusammenfassung der Leistungsbereiche, Marktsegmente und -regionen zu strategischen Geschäftseinheiten (SGE)[54] – die Segmentierung ermöglicht die Entwicklung und Umsetzung gezielter Stossrichtungen für jede SGE	– oft wird dieser Schritt übergangen, was zu sub-optimalen Strategien führt (in der die gleiche Stossrichtung gleichzeitig ganz unterschiedliche Bereiche abdecken soll)

---

54 oder SGF (strategische Geschäftsfelder)

Strategische Instrumente 93

– **Konkurrenzanalyse** – **Analyse der Wettbewerbsstellung (z.B. mit der Wertkurve)**	– Analyse der aktuellen Marktstellung (bezüglich Marktanteil, Kosten- und Preisposition) im Vergleich zu unseren Hauptkonkurrenten	– die Erfassung des Marktanteils ist oft schwierig, jedoch genügt meist eine gute Schätzung («lieber ungefähr richtig als genau aber falsch»)
	– gibt Hinweise auf Wettbewerbsvorteile und -nachteile	
– **Analyse der Fähigkeiten, Ressourcen und Kernkompetenzen**	– Unternehmensanalyse zur Ergründung unserer bisherigen Erfolge (oder Misserfolge)	– oft werden Kompetenzlücken in der Analyse vernachlässigt – die Qualität einer guten Kompetenz-Analyse erkennt man daran, wie gut sie unsere bisherigen Wettbewerbsvorteile (oder -nachteile) erklären kann
– **SWOT-Matrix**	– prägnante Zusammenfassung der (aktuellen) Stärken/Schwächen	– pro Feld nicht mehr als 6 Faktoren auflisten – es empfiehlt sich, die Einträge in der Matrix zu gewichten (z.B. von +++ bis ---)

Tabelle 8: Instrumente/Arbeitsschritte zur Analyse der aktuellen Situation

– **Erfassung zukünftiger Trends**	– möglichst umfassende Betrachtung der externen Trends, welche einen Einfluss auf die Branche und/oder das eigene Unternehmen ausüben – Einschätzung der Auswirkung auf uns (++ bis - -)	– darauf achten, dass nicht nur wirtschaftliche oder kurzfristige Trends berücksichtigt werden (sondern z.B. auch langfristig wirkende gesellschaftliche oder technologische Veränderungen)
– **Abschätzung der zukünftigen Marktentwicklung**	– grobe Abschätzung des zukünftigen Marktvolumens (Gesamtnachfrage im Markt) aufgrund der erfassten Trends	– Marktprognosen sind bekanntlich schwierig, die differenzierte Betrachtung nach wichtigen Marksegmenten kann dabei sehr hilfreich sein
– **Analyse der zukünftigen Wettbewerbsentwicklung**	– bestmögliche Abschätzung der *zukünftigen* Stossrichtungen unserer Hauptkonkurrenten	– viele strategische Pläne unterschätzen die Dynamik des Wettbewerbs, obwohl genügend Anzeichen dafür vorhanden sind
– **Analyse der zukünftigen Erfolgsfaktoren**	– Identifikation der für die Zukunft erforderlichen Kompetenzen (lassen sich meist aus den eruierten Trends ableiten)	– oft wird zu spät in die Entwicklung neuer Kompetenzen investiert

– Szenario-Analyse	– Zur Vermeidung bzw. Prüfung von Strategien, die sich nur auf die momentan «wahrscheinliche» Zukunft abstützen, entwickelt man mehrere davon abweichende Szenarien (i.d.R. ein optimistisches und ein pessimistisches Szenario)	– bei der Bewertung strategischer Alternativen ist auf die Szenarien zurückzugreifen, um die «Robustheit» jeder Alternative gegenüber negativen (oder positiven) Entwicklungen zu prüfen
	– dazu werden die 3–4 wichtigsten externen Haupteinflussfaktoren definiert und für jedes Szenario in ihrer Ausprägung qualitativ variiert	
– SWOT-Matrix	– prägnante Zusammenfassung der (zukünftigen) Chancen/Gefahren	– pro Feld nicht mehr als 6 Faktoren eintragen
		– es empfiehlt sich, die Einträge in der Matrix zu gewichten (z.B. von +++ bis - - -)

Tabelle 9: Instrumente/Arbeitsschritte zur Abschätzung der zukünftigen Entwicklung

– **Strategisches Spielfeld** – **Entwicklung strategischer Alternativen**	– Entwicklung von 3–4 möglichst unterschiedlichen strategischen Alternativen. Vorgehen: (1.) zuerst werden die 4–6 wichtigsten Parameter definiert, die im Einflussbereich des KMU liegen (am häufigsten sind dies: Produkte, Märkte und Kompetenzen) (2.) für jeden Parameter werden gemeinsam (z.B. im Brainstorm-Verfahren) mögliche Variationen zum Ist-Zustand definiert (3.) Kombination der entwickelten Variationen zu 3–4 in sich schlüssigen Strategiealternativen	– oft sind sich die entwickelten Alternativen zu ähnlich. Wichtige (z.T. auch völlig neue) Erkenntnisse ergeben sich meist erst dann, wenn man auch Extremstrategien definiert (z.B. «a. Eigenproduktion weiterführen, b. Eigenproduktion schliessen») – der Einsatz moderner Kreativitätstechniken kann vor «Betriebsblindheit» bei der Entwicklung neuer Strategien helfen
– **Modellrechnung**	– Abschätzung der finanziellen Auswirkungen der strategischen Alternativen	– am zweckmässigsten erfolgt diese Planrechnung aus zwei Sichten, die im iterativen Verfahren gegenseitig validiert werden können: (1.) Produktrechnung und (2.) Betriebsrechnung

Tabelle 10: Instrumente/Arbeitsschritte zur Entwicklung/Bewertung zukünftiger Strategien

VR-Praxisbeispiel 6: Strategische Segmentierung und Kostenträgerrechnung

Ein 4*Hotel hat schon seit einigen Jahren mit rückläufigen Umsätzen und Gewinnen zu kämpfen. Der Verwaltungsrat entscheidet sich nach reiflicher Überlegung für eine grundsätzliche Strategieüberarbeitung. Zu Beginn der Strategie-Entwicklung erfolgt eine Analyse der bisherigen Umsatz- und Erfolgszahlen. Diese sind in der Kostenrechnung wie folgt nach Kostenstellen gegliedert:

- Leistungsbereich 1: Übernachtungen
- Leistungsbereich 2: Food & Beverage
- Leistungsbereich 3: Tagungen
- Leistungsbereich 4: Wellness

Diese an sich wichtige Gliederung hat in vergangenen Strategiediskussionen zu unzähligen, wenig fruchtbaren Diskussionen geführt. Im Zentrum standen dabei jeweils isolierte Überlegungen, wie man die einzelnen Bereiche optimal fördern könnte. Die strategische Segmentierung im neuen Strategieprozess führt nun zur Bildung folgender strategischer Geschäftseinheiten:

1. Tagungskunden (vorwiegend KMUs)
2. Businesskunden (Kunden, Geschäftspartner oder Angestellte von Grossunternehmen)
3. Privatkunden.

Zunächst ziert sich der zuständige Controller in der GL, die Kostenrechnung neu nach diesen Kostenträgern zu gliedern («viel zu aufwändig»). Der neue VR-Präsident bleibt jedoch hartnäckig, was sich auch lohnt. Denn die neue Darstellung zeigt, dass man am meisten Geld bei den Businesskunden verliert. Hier ist der Wettbewerb vor Ort weitaus am stärksten. Diese Erkenntnis führt zu völlig neuen strategischen Überlegungen, vor allem was eine bessere Positionierung bei den Tagungskunden und Privatkunden (mit neuen Weekend-Arrangements) betrifft, wo man aufgrund der weitherum geschätzten Küche und des Wellness-Bereichs noch echte Wettbewerbsvorteile besitzt und weiterentwickeln kann.

Resultat:

- die Strategische Segmentierung und die darauf aufbauende neue Gliederung der Kostenrechnung führt zu einer erfolgreichen Neupositionierung im Markt
- das weniger lukrative Kundensegment (Geschäftskunden) wird bewusst weniger aktiv umworben und dient vorwiegend als Kapazitätsfüller

Wichtigste Erkenntnisse aus diesem VR-Fall:

- strategische Überlegungen sollten den Aufbau der Kostenrechnung bestimmen, nicht umgekehrt
- es liegt in der Verantwortung des VR, für ein zweckmässiges Rechnungswesen zu sorgen.

3.5 Instrumente zur Strategie-Genehmigung

In Kapitel 2 haben wir darauf hingewiesen, dass eine fundierte Bewertung der strategischen Alternativen am besten zuerst im Entwurf durch die GL erfolgt, anschliessend aber zusammen mit dem VR validiert und ergänzt werden muss. Für einen möglichst konstruktiven und zielführenden Dialog eignet sich ein Bewertungsinstrument mit sowohl quantitativen als auch qualitativen Kriterien. Die Bewertungskriterien sollen dabei auch die VR-Leitplanken berücksichtigen. **Abb. 18** zeigt das im KMU*STAR-Navigator benutzte Schema.

Kriterien	Ist-Konzept Wie heute		Alternative A Modernisierung Hotel		Alternative B Fokus Gastronomie		Alternative C Partnerschaften	
Zeitspanne	2010	2016	2010	2016	2010	2016	2010	2016
Wirtschaftlichkeit	0		+		0		0	
Umsatz Mio.	5.6	4.5	5.5	11.1	5.6	8.0	5.6	9.1
Erfolg Mio. (EBT)	0.0	0.0	0.2	0.3	0.0	0.2	0.0	0.2
EBT (%)	1%	0.5%	2%	3%	0.9%	2%	0.9%	2%
Rentabilität ROA %	2.4%	2.3%	5.5%	8%	3.2%	6.1%	3.2%	7.3%
Realisierbarkeit	+		0		+		0	
Machbarkeit	++		+		+		-	
Investitionsintensität	0		-		-		0	
Zeitbedarf/Timing	+		0		+		++	
Finanzierbarkeit	0		-		0		0	
Strategische Aspekte	-/0		+		0		-	
Visionskonform?	-		+		0		--	
Risikoresistent?	-		0		-		+	
Optionen offen?	+		+		0		--	
Gesamtbeurteilung	0		+		0		0	

Bewertungsraster: ++ sehr gut   + gut   0 weder gut noch schlecht   - schlecht   - - sehr schlecht

▶ **Schlagzeile**
- **Beste Auswertung für Alternative A (Modernisierung) bei Wirtschaftlichkeit und strategischen Aspekten. Ist jedoch SEHR herausfordernd!**

Abb. 18: Raster zur Bewertung strategischer Alternativen (Beispiel Hotel)[55]

Führt die Bewertung der Altnativen zu einem konkreten Vorschlag und Antrag der GL, sollte der VR eine kurze Risikoabschätzung der ausgewählten Strategie vornehmen. Es handelt sich hier also nicht um eine allgemeine Risikoanalyse, sondern um eine gezielte Betrachtung der mit der ausgewählten Strategie verbundenen Risiken anhand des in **Tabelle 11** aufgeführten einfa-

---

55   vgl. Lombriser / Abplanalp / Wernigk (2011, S. 164)

chen Rasters. In der Praxis führt diese Analyse oft zur Einleitung wirksamer Vorbeugemassnahmen und zur frühzeitigen Definition von Reaktionsmöglichkeiten (falls das Risiko eintritt).

Potenzielle Risiken	W(%)	Mögliche Auswirkungen	Reaktionsmöglichkeiten	Vorbeugung
1 Währungssituation verschärft sich	40	Umsatzeinbruch	Neustrukturierung	Marketing, Positionierung!
2 Abgang Chefkoch	15	Qualitätseinbusse	Rekrutierung	Beteiligung?
W(%) = Eintretenswahrscheinlichkeit				

Tabelle 11: Raster für Risikobetrachtung der ausgewählten Strategie (Beispiel Hotel)[56]

3.6 Instrumente zur Strategie-Umsetzung

Wenn es sich bei der Strategie um eine grundlegende (Neu-)Ausrichtung handelt, empfiehlt sich gerade auch in KMU die Festlegung einer *Projektorganisation*. Diese besteht aus GL-Mitgliedern, kann aber mit weiteren Personen (z.B. VR-Mitgliedern für Spezialaufgaben oder weiteren Führungskräften) ergänzt werden. Die Teammitglieder und der Sitzungsrhythmus (z.B. 1 x pro Monat) sollten im Voraus klar geregelt werden.

Untersuchungen zeigen, dass 30 bis 40% aller Strategieprojekte in KMU bei der Umsetzung scheitern. Dies weil:

- für die Strategie-Umsetzung keine speziellen Massnahmen definiert werden und die «strategische Umsetzungsarbeit» darum in der Hektik des Tagesgeschäfts untergeht
- für die strategischen Aktivitäten keine eigene Budgetierung erfolgt
- unterstützende «weiche» Massnahmen zur Organisation, Führung, Kommunikation usw. gar nicht (oder erst wenn Probleme auftauchen) ergriffen werden.

Zur Sicherung einer wirksamen und termingerechten Strategie-Umsetzung

---

56 vgl. Lombriser / Abplanalp / Wernigk (2011, S. 120)

ist es unumgänglich, für die wichtigsten Stossrichtungen der Strategie (z.B. Marktaufbau, Kompetenzen, Innovation, Führung/Organisation) je ein einfaches **Massnahmenprogramm** zu definieren, in dem festgelegt wird, wer was bis wann umzusetzen hat. Diese Massnahmen sind halb- oder ganzjährlich zu aktualisieren und mit den Erkenntnissen aus der regelmässigen Strategie-Kontrolle abzugleichen.

Seriöse strategische Arbeit (auch ohne grundlegende Neuausrichtung) erfordert nicht nur Zeit, sondern auch Geld. Wir empfehlen dazu die Erstellung eines jährlichen Budgets für strategische Tätigkeiten, vor allem dann, wenn grössere strategische Investitionen getätigt werden müssen. Die Vorteile von jährlichen **strategischen Budgets** sind wie folgt:

- sie stellen die für den Aufbau neuer Erfolgspotenziale notwendigen Mittel sicher (dies ist besonders bei bereichsübergreifenden strategischen Projekten erforderlich, für die sich keine Abteilung oder Geschäftseinheit alleine verantwortlich fühlt)
- die Kontrolle der Budgetausschöpfung «zwingt» die verantwortlichen Führungskräfte zur tatsächlichen Durchführung der in den Massnahmenprogrammen definierten Aktivitäten (Unterschreitungen aufgrund von Unterlassungen werden genauso sanktioniert wie Überschreitungen).

Tabelle 12 liefert einen Überblick der wichtigsten Instrumente für die Strategieumsetzung.

Instrument/ Arbeitsschritt	Zweck/ Kurzbeschreibung	Kritische Punkte aus VR/GL-Sicht
- Massnahmenprogramme	- regelmässige Definition der für die Strategie-Umsetzung zu ergreifenden Massnahmen - die für die Umsetzung der langfristigen Strategie definierten Massnahmen werden regelmässig (halb- oder ganzjährlich) aktualisiert («rollende Massnahmenprogramme»)	- vor allem zu Beginn einer Strategie-Umsetzung darauf achten, dass nicht nur «harte» (z.B. Einführung neues IT-System) sondern auch «weiche» Faktoren (z.B. Mitarbeiter-Fähigkeiten, Kultur, Führung) berücksichtigt werden
- Balanced Scorecard (BSC)	- ein spezielles Werkzeug zur Formulierung und Überprüfung von Massnahmen, die aus den Zielsetzungen für die vier Perspektiven Finanzen, Kunden, Prozesse und Mitarbeitende abgeleitet werden	- oft werden in KMU zu viele Ziele definiert; in der Regel reichen 10–12 strategische Ziele für eine KMU - die BSC ist ein *Umsetzungs*instrument (ohne vorgängig klar formulierte Strategie werden oft widersprüchliche Ziele/Massnahmen definiert)
- Strategische Budgets	- regelmässige Budgetierung der für die nächsten 12 Monate anfallenden strategischen Aktivitäten => Überführung der Posten in das übliche (Jahres-)Budget	- nicht nur darauf achten, dass ein solches jährlich aktualisiert, sondern auch wirklich ausgeschöpft wird (um die Verdrängung der strategischen Arbeit durch operative Tätigkeiten zu vermeiden!)

Tabelle 12: Instrumente/Arbeitsschritte zur Strategie-Umsetzung

3.7 Instrumente zur Strategie-Kontrolle

Die Hauptschwäche vieler KMU im Strategieprozess liegt oft im Fehlen einer dokumentierten Strategie-Kontrolle. Dies zeigt auch unsere Untersuchung. Mehr als 40 % aller KMU besitzen keine systematische und dokumentierte Erfolgsevaluation der Strategieumsetzung. Jene KMU, die eine solche Kontrolle regelmässig pflegen, schneiden dabei in allen Erfolgskriterien deutlich besser ab.

Wir haben in Kapitel 2 (Strategieprozess) drei Arten von Kontrollen unterschieden, für die auch je unterschiedliche Instrumente eingesetzt werden (vgl. **Tabelle 13**):

- für die **Umsetzungskontrolle** setzen wir regelmässig (z.B. quartalsweise) einen **Massnahmen-Review** und die **Budgetkontrolle** ein. Wir können auf die in der Strategie-Umsetzung bereits eingesetzten Instrumente (Massnahmenprogramm, strategisches Budget) zurückgreifen.
- für die **Wirksamkeitskontrolle** empfiehlt sich der Einsatz eines einfachen Instruments zur Überprüfung der **Zielerfüllung** (z.B. halbjährlich). Das Beispiel in **Abb. 19** zeigt, dass nebst quantitativen Zielen (Ergebnis, Gesamtkapitalrendite) regelmässig auch qualitative Ziele überprüft werden sollen.
- für die **Prämissen-/Strategieüberprüfung** kommen die gleichen Analyse-Instrumente wie in der Strategie-Entwicklung zum Zuge (SWOT-Analyse, Trendanalyse etc.)

Strategische Instrumente 103

Instrument/ Arbeitsschritt	Zweck/ Kurzbeschreibung	Kritische Punkte aus VR/GL-Sicht
– Massnahmen-Review – Budgetkontrolle	– Fortschrittskontrolle der in den Massnahmenprogrammen definierten Aktivitäten und Termine	– gleichzeitig zur Massnahmen-Review sollen (mind. 1 x jährlich) neue strategierelevante Massnahmen definiert und budgetiert werden
– Kontrolle der Zielerfüllung	– Überprüfung ob mit den ergriffenen Massnahmen die anvisierten strategischen Ziele auch erreicht werden können	– nebst rein quantitativen Zielen sollen auch qualitative Ziele bzw. Meilensteine überprüft werden
– Prämissen-/ Strategie-Überprüfung	– Aktualisierung der SWOT-Analyse	– vgl. unter Strategie-Entwicklung

Tabelle 13: Instrumente/Arbeitsschritte zur Strategie-Kontrolle

		Erfüllungsgrad *					
6.3.1	Zeithorizont: 2013	- - -	- -	-	+	+ +	+ + +	Kontrolldatum: 1.7.2011
SGE/Projekt: WZM / W-MAG 15								
1	WZM restrukturiert				X			noch kein Partner
2	Ergebnis min 0		X					
SGE/Projekt: WZB / W-MAG 15								
3	WZB umfunktioniert					X		
4	Unabhängiger KT-Lieferant				X			
5	Ergebnis gehalten			X				
Gesamtunternehmen								
6	ROA min. 10 %				X			
7	Finanzierung bewältigt				X			

*) - - - Rückschritt; - - kein Fortschritt; - untererfüllt; + auf Kurs; + + erfüllt; + + + überfüllt

▶ Schlagzeile
- Umfunktionierung Werkzeugbau zu Kunststoffteile-Lieferant auf Kurs
- Restrukturierung Werkzeugmaschinen unter Erwartungen
- Ergebnisse schwach – Finanzierung bisher bewältigt

Abb. 19: Beispiel einer Zielerfüllungs-/Wirksamkeitskontrolle für einen Werkzeugmacher[57]

---

57 Lombriser/Abplanalp/Wernigk (2011, S. 139)

Schlüsselkennzahlen für die Strategie-Kontrolle

Die Formulierung und Überprüfung prägnanter Schlüsselkennzahlen («Key Metrics») ist wichtiger Bestandteil einer effektiven Wirksamkeitskontrolle. Sie helfen dem Verwaltungsrat, die Strategie-Kontrolle zeitnah und dennoch mit der nötigen Distanz vorzunehmen. Die Kunst dabei ist es, einen ausgewogenen Mix an Schlüsselgrössen zu identifizieren, welcher der GL und dem VR Hinweise auf die aktuelle Leistung des KMU liefert, gleichzeitig aber auch den langfristigen «Gesundheitszustand» des Unternehmens wiederspiegelt. Ein Unternehmen mag im Moment zwar «fit» sein (d.h. die Leistung effizient und somit rentabel erbringen), jedoch seine langfristige Gesundheit (d.h. Zukunft) dabei aufs Spiel setzen. Eine ausgewogene Auswahl von Schlüsselgrössen muss **zwei Grundbedingungen** erfüllen. Die Kennzahlen müssen:

- sowohl eine **finanzielle** wie **nicht-finanzielle** Betrachtung erlauben, so dass alle für eine ganzheitliche Zielerreichung wichtigen Aspekte berücksichtigt werden. (Unter nicht-finanzielle Grössen fallen auch Meilensteine / Etappenziele, die nicht Kenn*zahlen* im engeren Sinne sind).
- sowohl den **kurz- und mittelfristigen** Zeithorizont abdecken wie auch **langfristig** ausgerichtete Indikatoren umfassen.

Tabelle 14 liefert eine Übersicht möglicher Schlüsselkennzahlen.

Strategische Instrumente 105

Schlüsselkennzahlen	Zeithorizont (über den die Kennzahl etwas aussagt)		
	kurzfristig	mittelfristig	langfristig
	«operative Leistung»		«strategische Gesundheit»
finanzielle Kennzahlen: – Gewinn/EBIT/ Return on Sales (ROS) – Gesamtkapitalrendite – Cashflow – Liquidität – Umsatzwachstum (z.B. pro Einheit, pro m2 etc.)	✓ ✓ ✓ ✓ ✓	✓ ✓	
Kennzahlen der internen Leistungserbringung: – Lagerbestand – Durchlaufzeiten – Qualität – Produktivität (Anzahl verrechnete/produktive Std.)	✓ ✓ ✓ ✓	 ✓ ✓ ✓	
Markt-orientierte Kennzahlen: – Marktanteil – Auftragsbestand/-eingang – Kundenzufriedenheit – Ruf des KMU als guter Arbeitgeber – Bekanntheitsgrad der Marke – Preisniveau (relativ zur Konkurrenz)	✓ ✓ ✓ ✓ ✓ ✓	✓ ✓ ✓ ✓ ✓ ✓	 ✓
Organisatorische Kennzahlen: – Mitarbeiterzufriedenheit – Fluktuationsrate – Qualifikation der Mitarbeitenden	✓ ✓ ✓	✓ ✓ ✓	 ✓
Entwicklungs-Indikatoren: – Innovationsrate (Anzahl neue Produkte) – Patent-/Marken-Anmeldungen – Anzahl Produkteinführungen (rel. zur Konkurrenz) – Investitionsrate (Investitionen in % des Cashflow)		✓ ✓ ✓ ✓	✓ ✓ ✓ ✓
Meilensteine/Zwischenetappenziele (dienen der Fortschrittskontrolle strategischer Initiativen und Massnahmenprogramme)	✓	✓	✓

Tabelle 14: Beispiele qualitativer und quantitativer Schlüsselkennzahlen im Zeithorizont

Aus unserer Erfahrung sind die wichtigsten finanziellen Zielgrössen für KMU (nebst Umsatzzahlen):

- der **Erfolg vor Steuern und Zinsen** (EBIT) und die **Gesamtkapitalrendite** (Return on Assets) für das Gesamtunternehmen
- der **Return on Sales** (Gewinn vor Steuern in % des Umsatzes) für die einzelnen Sortimentsbereiche (bzw. Geschäftseinheiten)

Die Überprüfung von Meilensteinen bzw. Etappenzielen ist vor allem in kritischen bzw. investitionsintensiven Situationen sehr wichtig. In solchen Fällen ist es zentral, im Voraus einen Signalwert mit Termin sowie den allfälligen Eventualplan zu definieren (z.b. «Wenn der Bereich XY bis Ende Jahr nicht einen Umsatz von 1 Mio.CHF erzielt, dann wird Massnahme Z ergriffen»; oder «Wenn wir die Firma XZ nicht bis 31.5. übernehmen können, schliessen wir bis 30.12. eine Kooperation mit YZ ab»).

Besitzt das KMU ein zweckmässiges Rechnungswesen, sind die quantitativen Schlüsselkennzahlen oft bereits vorhanden. Der ganze Mix von Schlüsselkennzahlen sollte von VR und GL *gemeinsam* definiert werden, wobei jedoch folgendes zu beachten ist: «Spezialinformationen für den VR sind immer ein Hinweis darauf, dass entweder das Management die Ergebnisse seiner Arbeit zu wenig überwacht oder dass der VR die falschen Dinge kontrolliert: in beiden Fällen ist es ein Alarmsignal, das der VR mit der Unternehmensleitung diskutieren muss.»[58]

Vor einer unreflektierten Übernahme bereits vorhandener Kennzahlen aus bestehenden Management-Tools (z.B. dem TQM-System) oder Standard-Checklisten aus Lehrbüchern sei hier gewarnt. Vielmehr soll sich das VR- und GL-Team der Situation entsprechend auf einige wenige strategische Grössen einigen (i.d.R. max. 8-10), die einerseits die gemachten Fortschritte in der Strategie-Umsetzung am besten überprüfen, andererseits auch frühzeitig auf notwendige strategische Korrekturen hinweisen.

---

58 Rytz (2002, S. 136f.)

VR-Praxisbeispiel 7: Szenarien und strategische Alternativen

Ein grösseres KMU im süddeutschen Raum ist in der Entwicklung und Produktion von Luxuslampen tätig. Das Unternehmen konnte sich in den letzten Jahren erfolgreich im Hochpreissegment klassischer Lampen (z.B. Energiesparlampen) etablieren. Eine mögliche langfristige Gefahr für das KMU besteht im Aufkommen neuer LED-Lampen. Als Vorbereitung auf die jährliche Strategie-Review aktualisiert die GL wie üblich ihre SWOT-Matrix. Auf der Gefahrenseite wird dabei die neue LED-Technologie zwar erwähnt, im Strategievorschlag für die nächsten 3 Jahre erachtet die GL jedoch eine verstärkte Investition in neue Energiesparlampen (basierend auf der herkömmlichen Technologie) als dringender. Als sich der Verwaltungsrat im Dezember mit der GL zur zweitägigen Strategie-Review trifft, herrscht innerhalb der strategieerprobten Verwaltungsräte ein ungutes Gefühlt. Entgegen der Meinung der GL ist man nicht so überzeugt davon, dass der Marktdurchbruch der neuen LED-Technologie noch so lange auf sich warten lässt. Gemeinsam mit der GL wird in zwei Stunden eine **Szenario-Analyse** vorgenommen, in der mit **zwei externen Haupttreibern** variiert wird:

- **Kundenakzeptanz der neuen Technologie:** sehr schneller vs. gradueller vs. sehr langsamer Umschwung der Kunden auf die neue LED-Technologie
- **Finanzielle Unterstützung des Staates** für die neue LED-Technologie: verstärkt vs. wenig wie bisher vs. keine mehr.

Weil dem wahrscheinlichen Szenario (gradueller Umschwung) aus Sicht des VR-Teams höchstens eine Wahrscheinlichkeit von 50% zugeschrieben wird, dem pessimistischen Szenario (sehr schneller Umschwung, verstärkte stattliche Unterstützung der LED-Technologie) jedoch immerhin 30%, erhält die GL den Auftrag, eine Strategie auszuarbeiten, welche das KMU viel besser auf das pessimistische Szenario vorbereitet. Vier Monate später entscheidet man sich, zwar mittelfristig weiterhin in die Entwicklung traditioneller Sparlampen zu investieren, jedoch nicht mehr im ursprünglich geplanten Umfang. Dafür soll in Zusammenarbeit mit Entwicklungspartnern frühzeitig ein Geschäftsfeld für neue LED-Produkte aufgebaut werden.

Resultat:

- zwei Jahre später erweist sich das pessimistische Szenario als das richtige. Die Ablösung der traditionellen Produkte durch LED-Technik vollzieht sich viel schneller als allgemein erwartet.
- das KMU etabliert sich dank der Entwicklung verschiedener Szenarien und einer darauf ausgerichteten «robusteren» Strategie innerhalb weniger Jahre erfolgreich im LED-Bereich.

Wichtigste Erkenntnisse aus diesem VR-Fall:

- Szenarien helfen, gefährliche «Einbahn-Strategien» (die in die «Sackgasse» führen) zu verhindern.
- Die Entwicklung verschiedener Alternativen unter Anbetracht der vorgängig entwickelten Szenarien hilft, den Blick auf neue Möglichkeiten zu richten.

4 VR- & GL-Zusammenarbeit

«The board and CEO must work together as partners. There really is no other way!»[59]
Ähnlich wie bereits im Kapitel 1 (VR- & GL-Team) geht es auch in der VR- & GL-Zusammenarbeit nicht nur um ein rein strategiespezifisches Thema. Dennoch betrachten wir die Berücksichtigung dieser eher allgemeinen Governance-Themen als zentral, denn sowohl die Zusammensetzung wie auch die Zusammenarbeit auf VR-&GL-Ebene üben einen entscheidenden Einfluss auf die Qualität der strategischen Arbeit im KMU aus.

Auch noch so ein hochkarätig zusammengesetztes Führungsorgan mit zweckmässig definiertem Strategieprozess und geeigneten Instrumenten ist nur dann wirksam, wenn es als echtes Team agiert. Eine optimale Zusammenarbeit innerhalb der VR- und GL-Teams, vor allem aber auch zwischen diesen zwei Leitungsgremien ist erforderlich. Die Bedeutung einer wirksamen Zusammenarbeit zeigen auch unsere Interviews:

- aus der Sicht der GL-Mitglieder wird eine **konstruktiv-kritische Zusammenarbeit** zwischen GL- und VR-Team bei erfolgreichen KMU am häufigsten als der **wichtigste Beitrag** ihres VR genannt.
- VR- wie GL-Mitglieder, die insgesamt mit der **strategischen Führung ihres KMU unzufrieden** sind, führen dies am meisten auf eine **mangelnde Zusammenarbeit** innerhalb des VR oder zwischen VR und GL zurück.

---

[59] Carter / Lorsch (2004, S. 10)

Carter und Lorsch, zwei führende Experten in «Board-Management» bestätigen unsere Resultate mit prägnanten Aussagen. Sie konnten über Jahre «behind closed doors» das Teamverhalten von Verwaltungsräten und operativen Führungskräften beobachten. Daraus ergibt sich eine «Top 10-Liste» der häufigsten Fehler mit entsprechend negativen Auswirkungen (vgl. **Tabelle 15**).

Verhalten:	Auswirkung:
– CEO verhält sich **defensiv** und ist **nicht offen** gegenüber dem Verwaltungsrat	– angespannte Stimmung; VR fühlen sich gehemmt, halten mit eigener Meinung zurück
– CEO/GL präsentiert **ungenügend vorbereitetes Material** oder «pfannenfertige» **Strategien** als praktisch **vollendete Tatsache**	– VR hat keine Möglichkeit, einen echten Beitrag zu leisten oder alternative Wege zu erörtern
– VR-Mitglieder fühlen sich **nicht ernst genommen**, weil ihre Beiträge nicht gesucht oder genügend gewürdigt werden von der GL	– führt zu passivem VR, in dem sich Mitglieder «ausklinken» und gar nicht versuchen, Beiträge zu leisten
– VR-Mitglieder missbrauchen Sitzungen um **«aufzutrumpfen»**, oder sie beschreiben wie die Dinge in anderen von ihnen beaufsichtigten Unternehmen wunderbar funktionieren	– VR-Diskussionen verkommen zu «Wettkämpfen» oder Auftritten statt die kritischen Probleme des Unternehmens zu behandeln
– Bei der **Präsentation schlechter Nachrichten** durch den CEO schiesst sich der VR auf den Überbringer ein	– schlechte Nachrichten werden künftig spärlicher und nur «geschönt» übermittelt, meist zu spät für Korrekturmassnahmen
– VR-Mitglieder **sprechen viel** ohne wirklich zuzuhören. Sie erwarten von GL-Mitgliedern Hochachtung und führen mit dem CEO vorwiegend **«Einweg-Diskussionen»**	– die Meinungen dieser VR-Mitglieder bleiben unerwidert und tragen nicht zum gegenseitigen Lernen oder Meinungsaustausch bei
– CEO **monopolisiert die Sitzung** in dem er/sie ausführlich darüber **erzählt**, was im Unternehmen und in der Branche passiert (v.a. bei Personalunion CEO/VRP)	– es bleibt zu wenig Zeit übrig für andere wichtige Themen und für Diskussionen zwischen VR-Mitgliedern
– VR-Präsident kümmert sich zu stark darum, die **Sitzung rechtzeitig zu beenden** (ist v.a. der Fall bei überladener Traktandenliste)	– wichtige Entscheide werden «abgewürgt», die letzten Traktanden im Eiltempo behandelt

– **CEO** und **VR-Präsident** sind sich **nicht einig** über die jeweiligen **Aufgabenbereiche**	– Doppelspurigkeiten, Revierkämpfe und schlecht abgestimmte Agenden zwischen VRP und CEO; die restlichen VR-Mitglieder sind im Unklaren, wer wo das Sagen hat
– **VR-Mitglieder** glauben, **keinen Kontakt** zu übrigen Führungskräften im KMU suchen zu dürfen (weil der CEO dies nicht schätzt)	– VR-Mitglieder bleiben im Unwissen darüber, was die übrigen Führungskräfte denken.

Tabelle 15: VR & GL-Zusammenarbeit: «Top 10-Fehler» nach Carter/Lorsch[60]

---

60 Carter/Lorsch (2004, Kap. 8)

Auch wenn diese Fehlerliste von Carter/Lorsch vor allem auf der Erfahrung mit Grossunternehmen beruht, lässt sich auch für KMU folgendes ableiten: um wirklich effektiv zu sein, muss ein Verwaltungsrat zwei Arten von Beziehungen optimal pflegen, nämlich jene zwischen den VR-Mitgliedern selber, und jene zwischen den Verwaltungsräten und dem GL-Team, insbesondere dem CEO. In Anlehnung an Hilb (2010) stellen wir unser Konzept der Zusammenarbeit von VR und GL in einem Dreiecksmodel dar (vgl. Abb. 20). Dabei geht es einfach ausgedrückt um die Frage: «Wer arbeitet mit wem zusammen, wie, womit und mit welchem Erfolg?»

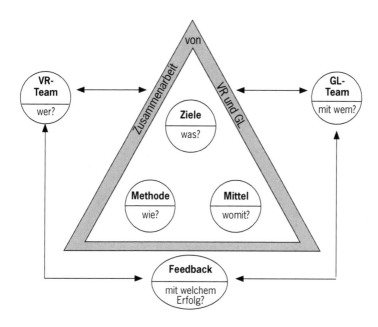

Abb. 20: Zusammenarbeit VR und GL: Übersicht[61]

4.1 Träger der Kommunikation (Wer mit wem?)

Schlussendlich liegt es am Verwaltungsrat, insbesondere am VR-Präsidenten, dafür zu sorgen, dass die für den Unternehmenserfolg zentrale Zusammenarbeit auf VR- und GL-Ebene funktioniert. Die grösste Herausforderung dabei ist wie folgt: wie kann ein VR, der meist aus starken Individuen und unterschiedlichen Persönlichkeiten besteht und sich im Gegensatz zur Geschäftsleitung in der Regel nur 4 bis 6 mal pro Jahr trifft, die Zusammenarbeit innerhalb seines Teams und mit der Geschäftsleitung wirksam gestalten? Es ist eine grosse Herausforderung, aus einer Gruppe von meist starken Individuen und unterschiedlichen Persönlichkeiten ein Team zu formen. Noch schwieriger ist es, auch in der Zusammenarbeit mit der GL effizient und effektiv zu werden.

---

[61] in Anlehnung an Hilb (2010)

Die erfolgreiche Bewältigung dieser Herausforderung erfordert ein Herunterbrechen des Problems auf verschiedene Teilbeziehungen:

- die aus Sicht vieler Interviewteilnehmer und Governance-Experten mit Abstand wichtigste Beziehung ist jene **zwischen** dem **VR-Präsidenten** und dem **CEO**
- ebenfalls zentral ist die **Beziehung und Zusammenarbeit innerhalb des VR-Teams** selber, die vor allem während den gemeinsamen VR-Sitzungen zum Tragen kommt.
- eine dritte wichtige Beziehung ist jene **zwischen dem VR-Team und** dem **CEO** bzw. weiteren **GL-Mitgliedern**; die Zusammenarbeit findet auch hier vorwiegend in VR- oder allenfalls Ausschuss-Sitzungen statt.

Die folgenden Ausführungen beziehen sich darum vorwiegend auf diese drei Hauptbeziehungen.

4.2 Ziele der Zusammenarbeit

Unsere Interviews und die Liste von Carter/Lorsch zeigen, dass nur ein «Star-Team» (und nicht ein «Team of Stars») das KMU strategisch erfolgreich in die Zukunft führen kann. Eine wirksame Zusammenarbeit auf VR- und GL-Ebene bildet die Voraussetzung zur Erreichung folgender **Ziele**:

- optimale **Nutzung** der in **VR- und GL-Team** vorhandenen **Kompetenzen**
- wirksame Gestaltung des **Strategieprozesses** durch optimale Zusammenarbeit über alle Phasen hinweg und zweckmässiger Einsatz der **Strategieinstrumente**
- Förderung eines konstruktiv-kritischen **Strategiedialogs**, der folgendes ermöglicht:
  - zielführende und realisierbare **Strategieentscheide**
  - optimale **Handlungen** der VR- und GL-Mitglieder für eine möglichst effiziente Strategie-Umsetzung
  - wirksame und umfassende **Strategiekontrolle**.

4.3 Mittel und Voraussetzungen der Zusammenarbeit

Grundvoraussetzung für eine wirksame Zusammenarbeit sind gegenseitiges Vertrauen und ein offener Informationsaustausch.

Vertrauen

Ein von Misstrauen geprägtes Klima führt zu unverhältnismässigem Kontrollaufwand. Es entstehen Reibungsverluste, Informationen werden nur selektiv weitergegeben, Risiken bleiben unerkannt oder unausgesprochen und wertvolle Zeit und Energie verpufft für unproduktive Taktiken. Nach Böckli (2005) beeinträchtigt ein solches Klima vor allem auch die Erfüllung der Gestaltungsaufgabe auf VR- und GL-Ebene: «Gleichzeitig unterdrückt eine Atmosphäre mangelnden Vertrauens bei den am Geschehen beteiligten Menschen die Motivation und die Freude am Wagnis.» Hingegen ist Vertrauen wirksamer: «es entkrampft die zur Zusammenarbeit aufgeforderten Menschen und befähigt sie, sich voll zu entfalten.»[62] Vertrauen fusst auf folgenden zwei Grundpfeilern:

- eine generell positive Grundhaltung gegenüber den Absichten anderer Menschen. Jedes VR- und GL-Mitglied sollte diese Grundeigenschaft besitzen.
- ein offener Austausch von Informationen (der nicht missbraucht wird).

Zwischen Vertrauen und Information besteht dabei eine Wechselwirkung. Information schafft Vertrauen: «Eine nahe Begleitung der Führungstätigkeit und eine verbesserte Information sind nicht ein Zeichen von Misstrauen, sondern ein Element nachhaltiger Vertrauensbildung.»[63] Umgekehrt führt Vertrauen aber auch zu offener Information: Unangenehmes wird rechtzeitig und unverblümt ausgesprochen, Meinungen und Ideen werden konstruktiv reflektiert und mögliche Lösungsansätze ganzheitlich erarbeitet.

---

62 Böckli (2005, S. 31)
63 Böckli (2005, S. 31)

VR-Präsident und CEO prägen durch ihr Verhalten die Vertrauenskultur im KMU entscheidend mit. Sie beide stehen diesbezüglich in einer speziellen Situation: der CEO besitzt einen Informationsvorsprung gegenüber dem VR-Präsidenten, letzterer wiederum verfügt – bei regelmässigem Informationsaustausch mit dem CEO – über einen Vorsprung gegenüber seinen VR-Kollegen. Wird die Rolle des VR-Präsidenten und CEOs sogar in Personalunion wahrgenommen, können die übrigen VR-Mitglieder nur bei einer offenen Informationsvermittlung des VRP/CEO ihre Rolle als konstruktiver Sparringspartner wahrnehmen.

Informationen und schriftliche Berichterstattung

Weitsichtige strategische Entscheide erfordern umfassende Kenntnisse über das KMU und sein Umfeld. Nur ist das Auskunfts- und Einsichtsrecht für Verwaltungsräte gemäss Gesetz ohne zusätzliche Regelung eingeschränkt. Zur Vereinfachung ihrer Arbeit ist es darum zweckmässiger, den VR-Mitgliedern mittels eines entsprechenden Passus im Organisationsreglement ein generelles Informationsrecht (auch ausserhalb der VR-Sitzungen) einzuräumen.[64] Darüber hinaus empfehlen die «Best Practice für KMU (BP-KMU)» folgendes:

- «Der VR-Präsident und die oder der GL-Vorsitzende sorgen für die Abgabe rechtzeitiger, relevanter und transparenter Geschäftsinformationen.
- Der VR sorgt für ein strategisches Berichtssystem, das den Bedürfnissen des KMU angepasst ist und die notwendige Steuerung und Aufsicht des KMU ermöglicht. Dieses enthält alle für die Führung und Aufsicht relevanten Daten einschliesslich eines Liquiditätsplanes für die nächsten 12 Monate sowie eines Kommentars der GL.»[65]

> «Als VR-Präsident und CEO zugleich besteht die latente Gefahr, in bestimmten Geschäften ‹betriebsblind› zu werden. Darum schätze ich die kritischen Fragen meiner VR-Kollegen sehr. Solche sind jedoch nur möglich, weil ich sie monatlich, umfassend und möglichst klar informiere.» *(VRP und CEO eines KMU-Handelsbetrieb)*

---

64 Müller/Lipp/Plüss (2014, S. 103)
65 ICfCG (2009, S. 9)

Eine Umfrage bei Verwaltungsräten von Schweizer Unternehmen zeigt, dass auch heute noch viele VR-Mitglieder vorwiegend interne und kurzfristig ausgerichtete Informationen erhalten, obwohl sie viel mehr externe und langfristig orientierte Angaben wünschen.[66] Um richtig informiert zu sein, müssen Verwaltungsräte darum ihre Informationsbedürfnisse gegenüber der Geschäftsleitung klar formulieren. So sollte das VR-Team z.B. zu Beginn der Amtszeit gemeinsam festlegen, in welcher Form (z.b. Inhaltsstruktur), Periodizität (monatlich, vierteljährlich) und wann (z.b. 10 Tage vor der VR-Sitzung) die regelmässige Berichterstattung erfolgen soll.

Eine wirksame **regelmässige Berichterstattung** erfüllt folgende Kriterien:[67]

- **rechtzeitig**: für eine seriöse Vorbereitung brauchen die VR-Mitglieder den Bericht in der Regel mindestens 10 Tage vor der Sitzung; bei Spezialsituationen sind zeitnahe Sonderberichte zu liefern (z.b. bei ausserordentlichen Qualitätsproblemen oder überraschenden Wettbewerbsentwicklungen)
- **zweckmässig**: zu viele Details können VR-Mitglieder überfordern oder sie dazu verführen, sich operativ einzumischen; zu wenig Details führen zu einem oberflächlichen oder gar falschem Bild.
- **aussagekräftig**: die Informationen sollen prägnant über den aktuellen Geschäftsgang und Umsetzungsfortschritt berichten; bei wichtigen Entwicklungen sollen sie immer den Bezug zur strategischen Stossrichtung herstellen.
- **umfassend**: dies bedeutet ...
  - sowohl *finanzielle* wie auch *nicht finanzielle* Informationen (z.B. Marktanteil, Mitarbeiter-Zufriedenheit, Konkurrenzverhalten)
  - nicht nur Angaben zu *internen* sondern auch zu *externen* Entwicklungen
  - *rückwärts-* und *vorwärtsgerichtete* Informationen
  - nicht nur *intern* erstellte Berichte sondern auch extern erhältliche Informationen (z.B. über Märkte oder Benchmark-Analysen).

---

66 Griesbach (2007)
67 vgl. Dubs (2006), Hilb (2010)

Zur **Struktur** des regelmässigen Berichts empfiehlt sich folgendes Schema: [68]

1. Finanzielle Zahlen (zur vergangenen Periode *und* aktualisierte Prognosen)
2. Markt- und Konkurrenzentwicklung (aktuelle *und* absehbare)
3. Strategische Initiativen (gemäss Strategie)
4. Entwicklungs- / Innovationsprojekte
5. Interne Herausforderungen / Probleme
6. Personal / Organisation.

Unsere Erfahrungen zeigen, dass sich die meisten VR-Mitglieder nicht so sehr über die Quantität der Informationen (zu viel oder zu wenig) beklagen, sondern über die fehlende Systematik. Zur Entwicklung einer gesunden Informationskultur ist es darum ratsam, die Berichterstattung für jede VR-Sitzung nach dem gleichen Schema vorzunehmen. Und auch die Berichterstattung kann und darf sich entwickeln. Wenn der VR mehr, weniger oder andere Informationen wünscht, soll er dies – auch im Sinne einer Optimierung der Zusammenarbeit – der GL kommunizieren. Die Zusammenarbeit mit der GL verbessert sich auch, wenn die Geschäftsleitung sieht, dass die VR-Mitglieder die Berichte lesen und sich gründlich damit auseinandersetzen.

Die Mitwirkung einzelner VR-Mitglieder in strategischen Projekten stellt eine weitere Möglichkeit dar, relevante Informationen mit den Führungskräften direkt auszutauschen.

4.4 Methodik der Zusammenarbeit

Je nach Phase im Strategieprozess können unterschiedliche VR- und GL-Mitglieder in der Zusammenarbeit involviert sein. Während bei der Entwicklung der Leitplanken und bei der Strategie-Genehmigung vor allem der Prozess *innerhalb* des VRs entscheidend ist, hängt die Wirksamkeit der Strategie-Entwicklung, -Umsetzung und -Kontrolle vor allem von der Zusammenarbeit

---

[68] als Alternative dazu vgl. Müller et al. (2014) für einen umfangreicheren Monatsreport für grössere Unternehmen / KMU

zwischen VR- und GL-Team ab. In der Praxis ist vor allem die Beziehung zwischen VR-Präsident und CEO ausschlaggebend.

VR-Präsident und CEO: Schlüsselpersonen in der Zusammenarbeit
Der VR-Präsident nimmt auf verschiedene Wege Einfluss auf die Zusammenarbeit auf VR- und GL-Ebene, sei es durch seine führende Rolle in der Besetzung des VR- und GL-Teams, die strategische Themensetzung (Traktanden) für VR-Sitzungen, seine Sitzungsführung, allenfalls Teilnahme an GL-Sitzungen oder durch die regelmässige Leistungsbeurteilung der GL- und VR-Mitglieder. Dabei gilt zu berücksichtigen, dass der VR-Präsident seine Funktion zum grössten Teil *ausserhalb* der VR-Sitzungen wahrnimmt, insbesondere im regelmässigen Kontakt zum CEO bzw. zur GL. Die Kunst beim Kontakt des VR-Präsidenten zur GL wie auch bei regelmässigen Besuchen im KMU liegt darin, zwar laufend über wichtige interne und externe Entwicklungen informiert zu sein, frühzeitig die richtigen Schlüsse zu ziehen und diese mit der GL zu besprechen, sich dabei jedoch nicht in die operative Führungstätigkeit einzumischen und auch nicht den Eindruck einer übermässigen Kontrolle oder des Misstrauens zu erwecken.[69]

Im Idealfall ergänzen sich der VR-Präsident und CEO in ihren komplementären Stärken. Dazu ist es jedoch wichtig, die eigenen Stärken und Schwächen sowie jene des anderen zu kennen (z.b. dank regelmässiger Selbst- und Fremdevaluation). Wenn jeder die Stärken und Schwächen des anderen kennt, lernt er auch die fremden Fähigkeiten zu schätzen und die eigenen nicht über zu bewerten, was zu gegenseitiger Wertschätzung und einer besseren Beziehung führt.

Eine schlechte Beziehung zwischen VRP und CEO hat meist dramatische Folgen. Spannungen wirken sich auf die Stimmung und Zusammenarbeit im ganzen VR- und GL-Team aus, was zu mangelhafter oder verzögerter Information, mühsamen Diskussionen, Revierkämpfen und Ablenkung von der strategischen Aufgabenerfüllung führt. «Das Verhältnis ist dort am besten, wo es zum Thema gemacht und bewusst daran gearbeitet wird. Häufige, engagierte und offene Gespräche führen zu einer wertschätzenden Zusammen-

---
69 Dubs (2006)

arbeit. ... Gleichzeitig muss der VRP ungenügende Leistungen des CEO mit diesem ansprechen können.»[70]

«Als VRP führe ich eine monatliche Besprechung mit dem CEO. Diese dauert in der Regel 2–3 Stunden und erfolgt immer nach der gleichen Standardtraktandenliste. Regelmässige Themen sind dabei die strategischen Initiativen, der Führungsnachwuchs sowie externe und interne Entwicklungen. Als mein Bruder noch CEO war, ging das früher in einem 15-minütigen Telefon sehr rasch. Heute haben wir einen familienfremden CEO, der diese Coachingfunktion von mir ausdrücklich wünscht.» *(VR-Präsident eines grösseren KMU im Textilbereich)*

«Mir als Eigentümer und CEO gefällt die Sparringspartner-Rolle des externen VRP: ich setzte mir jemanden vor, der mir den Spiegel vorhält. Wenn wir einen Riesenkonflikt hätten, käme es wohl zu einem Bruch, denn er hätte ja faktisch keine Macht über mich. Darum suchte ich mir nicht einfach nur eine Marionette, sondern eine Person, die nicht angewiesen ist auf den Job und darum auch sagt was sie denkt, auch auf das Risiko hin, dass sie morgen allenfalls entmachtet wird. Wenn man das sportlich nimmt, finde ich es sehr positiv. Mit dem Gesamt-VR mache ich eher ‹auf Business›, aber mit dem VRP verbringe ich auch manchmal die Freizeit, z.B. bei einer Wanderung.» *(CEO / Eigentümer eines KMU im Getränkehandel)*

«Aus meiner über 30-jährigen Erfahrung mit CEOs weiss ich, dass viele vor allem psychologische Akzeptanz und Bestätigung suchen, aber auch Anregungen vom VRP wünschen, wo sie noch eigene Lücken haben. Das Coaching des VRP muss jedoch subtil erfolgen. Ständiges, offenes Feedback ist zentral. Wichtig ist auch: Fehler zugeben (auf beiden Seiten), loben, sich gegenüber CEO loyal verhalten. Das schlimmste ist, wenn man den CEO vor anderen Leuten bloss stellt und ihm öffentlich strategische Fehler oder Nachlässigkeit vorwirft.» *(Governance-Experte mit mehrjähriger VR-Erfahrungen in diversen KMU).*

---

70 Rytz (2012, S. 18)

Eine gemeinsame Regelung zwischen VRP und CEO schafft Klarheit bezüglich den Zuständigkeitsbereichen und gegenseitigen Erwartungen und hilft, unnötige Spannungen zu vermeiden und gegenseitiges Vertrauen aufzubauen. Die **schriftliche Aufgabenteilung**[71] sollte vor allem folgende Fragen klären:

- «Wie aktiv soll der VR-Präsident seine Coach-Rolle gegenüber dem CEO wahrnehmen?
- Wie häufig ist der Austausch zwischen dem VR-Präsidenten und dem CEO geplant?
- Wer kommuniziert wann und was innerhalb und ausserhalb des Unternehmens?
- Welche Berichte werden wem in welchem Detaillierungsgrad zur Verfügung gestellt?
- Wie stark soll sich der VR-Präsident in den strategischen Prozess involvieren?
- In welcher Intensität sind gemeinsame Besprechungen von VR-Präsident und CEO mit Stakeholders (Kunden, wichtigen Hauptaktionären usw.) vorgesehen?
- In welcher Regelmässigkeit besuchen VR-Präsident und CEO gemeinsam verschiedene Unternehmenseinheiten?
- Wie intensiv soll die Aufsichtsfunktion des VR-Präsidenten gegenüber dem CEO ausgeübt werden (z.b. durch direkten Kontakt mit GL-Kollegen und Mitarbeitenden)?»[72]

Eine enge Zusammenarbeit zwischen VRP und CEO ist vor allem in Krisensituationen zentral. Hier wird in der Regel auch ein deutlich höherer Arbeitseinsatz vom VR-Präsidenten gefordert, wie folgender Praktikerkommentar verdeutlicht:

---

71 z.b. in den jeweiligen Pflichtenheften und im Kommunikationskonzept, Beispiele vgl. unter Müller (2014, S. 1111 ff.)
72 Lorenz (2012, S. 11)

«Ich wurde als Sanierer geholt und mit der Geschäftsführung betraut. Der VR-Präsident erklärte sich in dieser schwierigen Lage bereit, jede Woche zwei Stunden mit mir den Stand der Massnahmen zu besprechen. Mir gab das eine enorme Sicherheit, es förderte das gemeinsame strategische Verständnis und stellte sicher, dass meine Ideen auch im VR bestens vertreten waren.» *(CEO eines KMU in einer Turnaround-Situation).*

So gut und eng die Zusammenarbeit zwischen VR-Präsident und CEO auch ist, so klar müssen sich die zwei Schlüsselpersonen über eine potenzielle Gefahr dabei sein: die übrigen VR- und GL-Mitglieder können sich im strategischen Entwicklungs- und Entscheidungsprozess ausgeschlossen fühlen. Darum gilt es zu vermeiden, dass Strategieabsprachen ausschliesslich zwischen VRP und CEO erfolgen und wertvolle strategische Beiträge der anderen VR- und GL-Mitgliedern verunmöglichen.

Zusammenarbeit während und ausserhalb VR-Sitzungen[73]

Echte Teamarbeit auf VR- und GL-Ebene erfordert von jedem Mitglied bestimmte Verhaltensweisen sowohl während wie ausserhalb von VR-Sitzungen:

- **Vorbereitung**: jedes VR-Mitglied kann nur bei seriöser Vorbereitung einen nützlichen strategischen Beitrag leisten. Dazu gehört selbstredend das fundierte Studium der verteilten Sitzungsunterlagen, je nach Fall aber auch die Lieferung wertvoller Inputs bei der Erstellung dieser Unterlagen.
- **Traktandierung und Zeitplanung**: ein echter Diskurs bei strategischen Fragen benötigt Zeit. Dies ist in der Planung der Sitzung zu berücksichtigen. Man kann keine wichtige strategische Frage in 15 Minuten im Diskurs erörtern.
- **Mündliche Berichterstattung**: oft beklagen sich VR-Mitglieder darüber, dass an der Sitzung zu viel Zeit für die Berichterstattung eingesetzt und zu wenig über strategische Fragen diskutiert wird. Eine prägnante, klar strukturierte schriftliche Berichterstattung hilft dies zu vermeiden. In der Regel erfolgt die mündliche Berichterstattung durch den CEO. Dabei sollte der

---

73 vgl. v.a. Dubs (2006)

VR-Präsident die Zeit vorgeben, so dass sich die mündliche Präsentation auf das Wesentliche beschränkt, unnötige Wiederholungen aus dem Bericht vermieden werden und mehr Zeit für Fragen und Erläuterungen bleibt. Je nach Thema (z.b. bei rechtlichen Fragen) oder im Falle von Ausschüssen ist es naheliegend, auch VR-Mitglieder mündlich präsentieren zu lassen und somit stärker einzubinden.

- **Sitzungsleitung**: der VR-Präsident stellt sicher, dass alle Mitglieder nach Möglichkeit einen aktiven Beitrag zur Diskussion leisten können und der Prozess nicht von einzelnen Protagonisten dominiert wird. Die Checkliste im Anhang liefert Hinweise für eine zielstrebige, straffe und flexible Sitzungsführung (nach Dubs 2006).
- **Teamverhalten während VR-Sitzungen**: VR- und GL-Mitglieder sind üblicherweise starke Persönlichkeiten. Gerade deshalb ist es unerlässlich, dass sie sich an bestimmte Regeln der Gesprächsführung und Entscheidungsfindung halten. Die gewünschten Verhaltensweisen stellen sich am ehesten ein, wenn das VR-Team gemeinsam für sich klare Kooperationsregeln aufstellt und diese schriftlich fixiert. **Tabelle 16** zeigt einen möglichen Katalog dazu. Es liegt in der Verantwortung des VR-Präsidenten, die Einhaltung der gemeinsam festgelegten Regeln sicherzustellen. Die regelmässige Selbstevaluation im VR anhand dieser Regeln ist dabei eine wesentliche Unterstützung.
- **Protokollierung**: hier empfiehlt es sich, zu Beginn der VR-Amtszeit gemeinsam ein für alle zweckmässiges Format festzulegen.
- **Kommunikation ausserhalb VR-Sitzungen**: am Schluss jeder VR-Sitzung soll der VR-Präsident mit dem CEO jene Informationen besprechen, die an die GL und weitere Mitarbeitende vermittelt werden sollten. Gespräche einzelner VR-Mitglieder mit Führungskräften (inkl. CEO) oder Mitarbeitenden *ausserhalb* der VR-Sitzungen können zudem sehr wertvolle strategische Informationen oder Erkenntnisse liefern und zum gegenseitigen Verständnis und zur Identifikation mit dem Unternehmen beitragen. Es lohnt sich, diese Art der Informationsbeschaffung im VR-Team zu fördern, dazu aber auch klare Verhaltens- und Kommunikationsregeln aufzustellen.

- Für wichtige strategische Themen planen wir genügend Zeit an der Sitzung ein.
- Jedes Mitglied soll kritische Fragen stellen, aber auch konstruktive Meinungen einbringen.
- Wir schätzen unterschiedliche Meinungen und nutzen sie zur synergetischen Lösungsfindung.
- Wir bemühen uns darum, im richtigen Moment zuzuhören und von den anderen zu lernen, und zum richtigen Zeitpunkt einen aktiven Beitrag zur Diskussion zu leisten.
- VR-Mitglieder verpflichten sich, die Ideen und Meinungen der GL ernsthaft anzuhören.
- GL-Mitglieder dürfen und sollen gegenüber den VR-Mitgliedern eine andere Meinung vertreten, v.a. wenn letztere ungenügend informiert sind oder aus ihrer Sicht falsch liegen.
- Wir profilieren uns nicht auf Kosten anderer (inkl. GL-Mitglieder). Jede sachliche Meinung und geäusserte Erfahrung wird respektiert.
- Wir akzeptieren den Zeitplan und bleiben auf das Thema fokussiert.
- Wir tragen Differenzen offen und sachlich aus. Wir schätzen konstruktiven Diskurs, vermeiden aber destruktiven Konflikt, insbesondere persönliche Angriffe.
- Wir vermeiden eine voreilige Konsens- und Entscheidungsfindung.
- Wir unterbinden subtil oder offen ausgeübten Druck auf Mitglieder mit abweichender Meinung.
- Ergibt sich auch nach dem Dialog keine Konsensmeinung, stimmen wir ab.
- Wir tragen alle Entscheide loyal mit, auch wenn wir anders abgestimmt haben.

Tabelle 16: Kooperationsregeln im VR-Team[74]

Eine wichtige, hie und da auch kontrovers diskutierte Frage lautet, wer überhaupt an VR-Sitzungen teilnehmen soll. Dies sollte im VR klar geregelt sein. Normalerweise ist es unerlässlich, den CEO einzuladen, da er über das Geschäft am besten informiert ist. Unsere Erfahrung zeigt, dass es auch von Vorteil ist, je nach Fall übrige GL-Mitglieder (oder Projektmitarbeitende) für strategische Themen in ihrem Verantwortungsbereich einzuladen bzw. präsentieren zu lassen. Dies ergibt beim VR oft ein differenzierteres Bild als bei einer einseitigen (evtl. beschönigten) Information durch den CEO. Zudem

---

74 vgl. Carter/Lorsch (2004, Kapitel 8), Rytz (2012)

können auch externe Experten bei bestimmten Fragen wertvolle Inputs liefern oder Empfehlungen abgeben.

Für die Leistungsbeurteilung der GL oder wenn wichtige strategische Geschäfte behandelt werden müssen, in denen GL-Mitglieder befangen sein könnten, ist ein «Privatissimum» (in dem nur Verwaltungsräte anwesend sind) unumgänglich. Die regelmässige Durchführung dieser Privatsession vermeidet «heimliche Ganggespräche» in Sitzungspausen und ermöglicht vor allem auch externen VR-Mitgliedern, offen und stressfrei Bedenken bezüglich strategischer Themen einzubringen.[75]

Bezüglich des Orts ist es bei dezentral geführten KMU überlegenswert, Sitzungen regelmässig auch «vor Ort» (z.B. in Niederlassungen, Produktionsstätten, Verkaufsräumen etc.) durchzuführen. Mit einem gemeinsamen Rundgang vor oder nach der VR-Sitzung kann sich der VR ein direktes Bild machen, sein Interesse am KMU gegenüber den Mitarbeitenden kundtun und Kontakt zu weiteren Führungskräften und Mitarbeitenden pflegen. Ganztägige Strategieworkshops ausser Haus bieten die Möglichkeit zur Teambildung, z.b. beim Nachtessen mit Abendprogramm (Kamingespräch mit externen Referenten, gemeinsame Wanderung etc.); nur schon die Änderung der üblichen Sitzordnung kann manchmal neue Perspektiven eröffnen.

Die Kunst des strategischen Dialogs
Viele unternehmerische Krisen sind in ihrem Ursprung auf voreilige oder fehlende strategische Entschlüsse zurückzuführen. Oft gibt sich der Verwaltungsrat zu schnell mit den vorliegenden Alternativen zufrieden. Oder er ist der Meinung, die Entscheidung an sich sei das Wichtigste, ohne dass er die Realisierung zum Bestandteil des Entscheidungsprozesses macht.[76] Darum überrascht es nicht, dass sich viele GL-Mitglieder einen intensiveren Strategiedialog mit ihrem Verwaltungsrat wünschen:

---

75 Finkelstein/Mooney (2003), Dubs (2003, S. 21)
76 Malik (2000)

«Meine Strategie wurde vom Gesamt-VR zu schnell durch gewunken; ich vermisste einen konstruktiven Dialog. Dabei war es aber weniger ein Kompetenzproblem. Der VR hätte es schon gekonnt, aber es fehlte ihm wohl am Mut oder an der Zeit.» *(CEO/VR-Mitglied eines IT-Unternehmens)*

Strategische Entscheide sind in der Regel komplex und erfordern das Zusammenfügen unterschiedlicher Themen, Perspektiven und Meinungen. Die potenziell in jedem Team vorhandene kollektive Intelligenz kann dabei nur über einen Prozess genutzt werden, der die **drei Phasen des strategischen Dialogs** umfasst (vgl. **Abb. 21**).

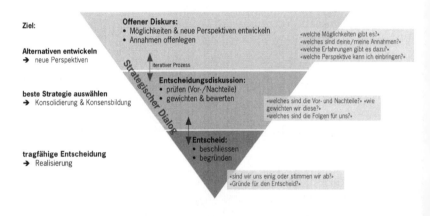

Abb. 21: Unterschiedliche Phasen im strategischen Dialog

1. Offener Diskurs: Neue strategische Möglichkeiten ergeben sich nur in einem konstruktiv-offenen Diskurs. Dieser zeichnet sich dadurch aus, «dass man frei und kreativ komplexe und subtile Fragen erforscht, einander intensiv zuhört und sich nicht von vornherein auf eine Ansicht festlegt.»[77] Der Diskurs ist im doppelten Sinne offen: erstens indem die Teilnehmer ihre Ansich-

---

[77] Senge (2011, S. 287)

ten, Annahmen (z.b. bezüglich zukünftiger Entwicklungen) und Meinungen «offen» legen und so gegenseitig testen und weiterentwickeln können; zweitens in dem man gemeinsam alle relevanten Möglichkeiten erörtert, die dem Unternehmen «offen» stehen.

In dieser Phase geht es nicht darum, mit dem besten Argument zu «gewinnen», sondern als Team zu lernen und gemeinsam die interessantesten Möglichkeiten zu entwerfen. Wichtig dabei ist, dass hier neue Ideen nicht bereits kritisiert sondern von anderen ermuntert und ergänzt werden. Unterschiedliche, gar kontroverse Ideen sollen nicht überspielt werden, sondern bewusst zum Erkenntnisgewinn beitragen. Dabei gilt es, im richtigen Moment zwischen Überblick und (wichtigen) Detailfragen zu wechseln. Die wirksamste Gesprächsform in dieser Phase ist die offene Frage, wie z.b.:

- Wie wäre es, wenn ...?
- Gibt es auch völlig andere Möglichkeiten?
- Über welche wichtigen Aspekte haben wir noch gar nicht gesprochen?
- Welches sind die wichtigsten Kompetenzen, die wir dazu (neu) benötigen würden?
- Könnte man dies und das auch kombinieren oder schliesst sich das gegenseitig aus?

Solche Fragen verhindern, dass man die eigenen Präferenzen zu früh äussert und dabei den Raum möglicher strategischer Lösungen stark eingrenzt. Zur Unterstützung des offenen Diskurses eignen sich Visulisierungen (z.B. Mindmaps.), Kreativitätstechniken[78] (z.b. Brainstorming) oder die systematische Strategieentwicklung anhand des morphologischen Kastens (wie z.b. im KMU*STAR-Navigator).[79]

2. Entscheidungsdiskussion: Nach der Phase des offenen Diskurses geht es nun darum, die Ideen und Alterativen zu konsolidieren, deren Vor- und Nachteile zu eruieren und zu gewichten und die Alternativen als Ganzes zu

---

78 vgl. Eppler at al. (2014)
79 vgl. Lombriser / Abplanalp / Wernigk (2011, S. 100)

bewerten. Wir bezeichnen diesen Prozess als «Entscheidungsdiskussion», weil eine nach strategischen Bewertungskriterien geführte Diskussion das Team zum Konsens und schlussendlich zur Entscheidung hinführen soll. Hier ist weniger die Kreativität gefragt, sondern eine systematisch-analytische Bewertung und Auswahl. Zur Unterstützung dieser Phase dient in KMU am besten ein einfacher Bewertungsraster wie z.B. in Abb. 18 (vgl. Kapitel 3), mit dem in kritisch-konstruktiver Teamarbeit strategische Alternativen nach quantitativen wie qualitativen Kriterien ganzheitlich bewertet werden.

Eine weitere Methode, die sich in der Entscheidungsdiskussion vor allem bei grösseren Investitionsvorhaben oder bei Entscheiden mit unsicherem Ausgang auch in KMU bewährt hat, ist die von Klein (2007) entwickelte Premortem-Technik (vgl. dazu das **VR-Praxisbeispiel 8**). Ähnlich wirksam kann auch die Technik des «Advocatus Diaboli» sein:

- eine Person aus dem Team wird offiziell zum Kritiker, d.h. zum «Advocatus Diaboli» ernannt (bei wiederholtem Einsatz der Technik sollte dies nicht immer die gleiche Person sein)
- dieses Teammitglied muss nun die vorgeschlagene (bzw. präferierte) Strategie kritisch hinterfragen. Dabei soll es die grundlegenden Annahmen und interne Konsistenz der Strategie auf Schwachstellen prüfen sowie sonstige Mängel und mögliche Scheiterungsgründe identifizieren.
- in der Teamdiskussion muss diese Person nun – ähnlich wie ein Prozessanwalt («Advocatus») – mit guten Argumenten *gegen* das Team und seine präferierte Strategie ankämpfen.
- sind alle Pro- und Kontra-Argumente auf dem Tisch (bzw. Flipchart), versucht man gemeinsam, die Strategie aufgrund der Gegenargumente noch «robuster» zu machen und geht dann zum Entscheid über.

Der Vorteil beider Methoden liegt darin, ohne inneren persönlichen Konflikt (weil man ja offiziell dazu aufgefordert wurde) relevante Risiken und negative Konsequenzen aufzuzeigen. Dadurch vermeidet man das «Groupthink-Problem», wo man sich einfach darauf verlässt, dass die *Anderen* kritische Situationen erkennen und benennen. Dubs (2006:45) weist mit Recht darauf hin, dass *nicht* der *VR-Präsident* die Rolle des Advocatus Diaboli spielen bzw. den Dialog mit Aussagen anregen sollte, von denen er selber gar nicht überzeugt ist, weil er dadurch unberechenbar oder unglaubwürdig wird.

VR-Praxisbeispiel 8: Premortem-Technik

Ein KMU im Bereich der Business-Software steht nach der Diskussion möglicher Zukunftsstrategien vor dem wichtigen Entscheid, ob es in die Entwicklung einer grundlegend neuen Basissoftware investieren soll oder nicht. Die optimistische Präsentation durch den CEO und die allgemein geführte Diskussion mit dem VR-Team deuten stark auf einen positiven Entscheid hin. Trotzdem ist sich der VR-Präsident nicht sicher und möchte mit der einfachen Premortem-Technik die Entscheidungsgrundlagen verbessern. In dieser Technik stellt man sich im Voraus vor, dass ein bestimmtes (negatives) Ereignis tatsächlich eingetroffen ist. Vorgehen:

– Der VR-Präsident liest eine zukünftige (fiktive) Zeitungsschlagzeile vor, in der berichtet wird, wie das KMU aufgrund eines grandios gescheiterten Projekts im Zusammenhang mit einer neuen Software in eine tiefe Krise geraten sei.

– Jedes Teammitglied erhält 5 Minuten Zeit, individuell jeden erdenklichen Grund für das Scheitern auf einem Zettel aufzulisten, insbesondere solche Gründe, welche man normalerweise – aus Gründen der Höflichkeit bzw. Wahrung der Harmonie im Team – nicht als potenzielles Problem offen nennen würde.

– Anschliessend bittet der Präsident jedes Mitglied der Reihe nach, je einen Grund aus der eigenen Liste vorzulesen und notiert dabei die Resultate auf dem Flipchart. Dabei sind nur bisher noch nicht genannte Gründe erlaubt. Das Prozedere dauert so lange, bis alle möglichen Gründe aufgelistet sind.

– Nach einer Diskussion der zusammengetragenen potenziellen Scheiterungsgründe zieht das Team gemeinsam die wichtigsten Schlussfolgerungen für den Strategieentscheid und sucht nach Möglichkeiten, den Strategieplan zu verbessern.

Resultat:

– Im vorliegenden Fall wurden z.B. folgende – bisher nicht diskutierte – Risiken genannt: fehlende Unterstützung des Projekts durch den CEO; wichtige Softwarecodes des KMU sind mit der neuen Version gar nicht kompatibel (Resultat: grosse Verzögerungen in der Entwicklung); der ambitiöse Zeitplan mit Lancierung in 2 Jahren führt zu liederlicher Entwicklungsarbeit und hohen Garantiekosten; der Hauptkonkurrent ist mit seiner Software bereits ein Jahr voraus.

– Die Nennung der Scheiterungsgründe führte schlussendlich nicht zum Abbruch des Vorhabens, sondern zur Festlegung wichtiger Vorkehrungsmassnahmen und zur Formulierung wichtiger, konsequent überprüfbarer Meilensteine.

> **Wichtigste Erkenntnisse aus diesem VR-Fall:**
>
> - Die radikale Vorstellung des tatsächlichen Scheiterns provoziert viel konkretere und umfassendere Ergebnisse als eine übliche Risikobewertung. Häufig ist das Resultat nicht die Ablehnung einer Strategie, sondern deren Verbesserung.
> - Die Methode trägt dazu bei, dass vehemente Befürworter einer bestimmten Strategie bzw. Investition bei berechtigter Kritik nicht gleich eine unkooperative Abwehrhaltung einnehmen.

Richtig eingesetzt dienen Techniken der kritisch-konstruktiven Zusammenarbeit wie das *Pre*mortem oder die Rolle des «Advocatus Diaboli» in der Entscheidungsdiskussion als Rezept gegen typische Entscheidungsfallen, in die vor allem erfolgreiche Führungskräfte oft unbewusst tappen und welche in vielen Untersuchungen als Hauptgründe für strategische Fehlentscheide eruiert wurden. Dazu gehören die:

- **Aktions-Falle:** man will sofort handeln.
- **Extrapolations-Falle:** man schreibt vergangene Erfolge einfach in die Zukunft fort.
- **Selbstüberschätzung:** aufgrund bisheriger Erfolge traut man sich alles zu.
- **Status Quo-Falle:** wieso etwas ändern solange es gut geht?
- **Anker-Falle:** die erste Schätzung (z.b. des Marktpotenzials), beeinflusst alle weiteren Prognosen.
- **«Sunk Cost»-Falle:** schlechte Entscheide werden mit weiteren (schlechten) Investitionen gerechtfertigt.[80]

Eine systematische, im Team offen ausgetragene Bewertung und Gewichtung der Alternativen führt im Idealfall zu folgenden zwei Effekten:

- die *beste* Alternativen wird nicht nur als solche identifiziert, sondern dabei noch verbessert (z.B. durch Absicherung gegen mögliche Risiken).
- der Prozess erzeugt einen *echten Konsens*, weil vorher jedes Teammitglied seine Argumente einbringen und einen wichtigen Lernprozess durchlaufen konnte. Dabei kann es durchaus sein, dass der eine oder andere seine ursprüngliche Meinung aufgrund neuer Erkenntnisse ändert.

---

80 vgl. z.B. Loballo / Sibony (2010)

3. **Entscheid**: letzten Endes müssen Verwaltungsräte strategische Entscheide fällen. Der offene Diskurs und die Entscheidungsdiskussion führen im Idealfall zu einem einstimmigen Entscheid, der im *echten Konsens* von allen auch innerlich mit Überzeugung getragen wird. Dies ist für die erfolgreiche Realsierung die beste Voraussetzung. Ein guter strategischer Dialog muss aber nicht in jedem Fall zu einem Konsens führen. In diesem Fall soll abgestimmt werden. Ist ein VR-Mitglied bei einer Strategievorlage auch nach ergiebigem Dialog anderer Meinung als die Mehrheit im Team, ist es ein Zeichen der Reife, wenn es in der Abstimmung auch wirklich gegen die Mehrheit stimmt[81] und sich nicht einfach (aus falsch verstandener Loyalität) einem einstimmigen Entscheid anschliesst.

In der Regel sind divergierende Abstimmungen auf unterschiedliche Einschätzungen der grundlegenden externen Annahmen (z.b. bezüglich Markt- oder Technologieentwicklung) zurückzuführen. Der für VR- und GL-Teams wichtige Lerneffekt stellt sich nur dann ein, wenn man das konkrete Abstimmungsresultat mit Angabe der wichtigsten Pro- und Kontra-Argumente protokolliert. Die spätere Überprüfung der formulierten Annahmen bildet eine wichtige Grundlage zur Plausibilisierung der Strategie und zur Entwicklung als lernendes Team.

Haben nun einzelne Mitglieder gegen die Mehrheit gestimmt, gilt aber auch für diese, sich hinter den Entscheid zu stellen und mit echter Loyalität mitzutragen. Kann ein Mitglied den Entscheid nicht vertreten oder weicht es allzu häufig vom Teamentscheid ab, muss es die Konsequenzen ziehen und freiwillig aus dem Team ausscheiden.[82]

«Manchmal ist der Zeitdruck so stark, dass man entscheiden muss. Es gibt auch heute noch KMU, in denen der VR strikt das ‹Einstimmigkeitsprinzip› pflegt: es wird diskutiert bis man ‹einstimmig› ist. In solchen KMU kann man zehn Jahre über Diversifikationen reden, ohne das was entschie-

---

81 oder sich wenigstens der Stimme enthält
82 Malik (2000)

den wird. Oder der VR-Präsident bzw. CEO beginnen die Leute subtil oder offen zu beeinflussen, ohne unterschiedliche Varianten und Argumente sauber gegeneinander abzuwägen.» *(Governance-Experte und langjähriger externer VR in diversen KMU)*

«Natürlich ist der Konsens bei uns wichtig. In den meisten Fällen stimmen wir nach einer sauberen Diskussion gar nicht mehr ab, weil es eh klar ist. Aber eben nicht immer! In einem Unternehmen kann doch nicht jeder immer der gleichen Meinung sein. Als VRP gehe ich sogar soweit, dass ich mindestens einmal im Jahr einen Entscheid provoziere, wo der restliche VR gegen mich stimmen soll. Nach einem Entscheid 1:4 habe ich sie dann auch schon zum Nachtessen eingeladen. Für mich ist es eine Kulturfrage, dass man nicht alles Ja-Sager hat. Wenn es einreisst, dass alle das gleiche sagen und abstimmen wie der VRP, führt man keine sauberen Entscheidungsprozesse mehr. Die Leute getrauen sich nicht mehr, ihre Meinung zu sagen. Wenn man bei seiner eigenen Meinung bleibt, zwingt man das Team dazu, rein rational die Vor- und Nachteile aufzulisten. Und nachher dazu, entsprechende Vorkehrungen (z.B. Monitoring) und Massnahmen zu treffen, um die Bedenken der Überstimmten zu berücksichtigen. Ausserhalb des VR-Teams tritt man dann mit *einer* Stimme auf.» *(VR-Präsident diverser KMU)*

Die Führungsrolle im strategischen Dialog: Der Grund für die Unzufriedenheit vieler Teams mit ihren Strategiegesprächen liegt oft darin, dass man nicht klar zwischen dem offenen Diskurs und der Entscheidungsdiskussion unterscheidet und deshalb auch nicht in der Lage ist, im richtigen Moment die geeignete Gesprächsform einzusetzen.[83] Stattdessen werden neue Ideen zu schnell abgewürgt und kritisiert, oder es wird bequem der kleinste gemeinsame Nenner im Team für eine Entscheidung gesucht, die niemandem weh tut. Manchmal können sich Gespräche über unterschiedliche strategische Alternativen aber auch viel zu lange hinziehen. Hier kann der bewusste Wechsel in die Entscheidungsdiskussion mit einer systematischen Bewertung der Alter-

---

83 Senge (2011, S. 287–288)

nativen die Blockade lösen und das Team in Richtung Entscheidung bewegen. Der strategische Dialog kommt in verschiedenen Phasen des Strategieprozesses zum Tragen, z.b. in der Strategie-Entwicklung (im GL-Team alleine oder gemeinsam mit dem VR), in der Strategie-Genehmigung oder im Strategie-Review. Je nach Fall wird er darum vom VR-Präsidenten, dem CEO oder allenfalls von einem externen Moderator gesteuert. Es liegt an dieser Person, das Team durch die entsprechenden Phasen des strategischen Dialogs zu führen und sicherzustellen, dass allen bewusst ist, in welcher Phase man sich gerade befindet (das Diagramm in **Abb. 21** kann als Visualisierung dabei helfen).

Nun haben viele Führungskräfte Mühe damit, im Diskurs ihre divergierende Meinung offen zu äussern, sei es aus Harmoniebedürfnis, aus Unsicherheit oder aus Angst sich blosszustellen. Gerade externe Verwaltungsräte in bisher erfolgreichen Unternehmen geraten häufig an diesen Punkt. Auch hier liegt es am Gesprächsleiter, für eine dialogfähige Atmosphäre zu sorgen und im richtigen Moment die geeignete Methode einzusetzen. Zudem ist es nützlich, alle Teammitglieder an die wichtigsten Prinzipien eines strategischen Dialogs zu erinnern. Diese stehen für: «hochwertige Gespräche, in denen es im Gegensatz zu Gesprächsgefechten nicht um Gewinnen und Rechthaben geht, sondern um ein gemeinsames Weiterkommen. Dazu müssen im Gespräch verschiedene Diskussionstaktiken angewandt werden: Man wechselt zwischen kreativen, divergenten Phasen und analytischen, konvergenten Phasen. Man spricht, hört dann aber auch zu. Man ist positiv, dann aber auch kritisch. Man geht in die Tiefe, ohne jedoch den Überblick zu verlieren.»[84]

Auf eines sollte die Führungsperson besonders achten: bringt sie ihre Meinung gleich zu Beginn ein und vertritt sie diese auch mit Überzeugung, vergibt sie sich höchstwahrscheinlich die Chance eines echten strategischen Dialogs und verhindert dadurch die Entwicklung divergierender, vielversprechender Lösungen.

---

84 Eppler / Mengis (2011, S. 100)

Fazit: ein Verwaltungsrat nimmt die Rolle des konstruktiven Sparringspartners (Kapitel 2) nur dann wirklich wahr, wenn er die Prinzipien des strategischen Dialogs und dabei insbesondere das iterative Zusammenspiel zwischen offenem Diskurs und systematischer Entscheidungsdiskussion beherrscht. Nicht selten erfordern bestimmte Bewertungen (z.B. «dazu fehlen uns die Kompetenzen») eine Retourschlaufe zur Ideenfindung («was wäre dann eine Alternative?»). Diese Rückkoppelung erklärt, wieso eine echte Strategiediskussion Zeit benötigt, die in einer ordentlichen VR-Sitzung (im Gegensatz zu ein- oder zweitägigen Workshops) normalerweise nicht vorhanden ist.

Zusammenfassend verfolgt ein strategischer Dialog folgendes **Prinzip**: vom offenen Diskurs über den tragfähigen Konsens zu besseren Entscheiden und wirksameren Resultaten![85] (vgl. **VR-Praxisbeispiel 9**)

VR-Praxisbeispiel 9: Strategischer Dialog und VR-Teamkultur

Der Haupteigentümer, VR-Präsident und CEO eines im Energiesektor tätigen KMU beschreibt die Entscheidungskultur in seinem VR-Team anhand zwei prägnanter Beispiele wie folgt:

«Ich wollte für die Firma ein Bürohaus bauen; dazu hätte ich günstig Land erwerben können. Ich hatte schon fertige Baupläne bereit, auch die Finanzierung wäre gesichert gewesen. Dann präsentierte ich mein Vorhaben an der VR-Sitzung. Wir erörterten auch weitere Alternativen, führten in der Entscheidungsphase dann aber vor allem über mein ursprüngliches Vorhaben eine intensive Diskussion. Das Hauptargument meiner drei externen Verwaltungsräte war, dass dies strategisch nicht wirklich etwas bringt und unser KMU nur unflexibel mache für weitere Wachstumsmöglichkeiten. Es gab dann einen klaren 1:3 Entscheid gegen mich.

Ähnlich ist es bei der Frage um einen Bankkredit abgelaufen. Ich hielt damals die Aufnahme eines Kontokorrentkredits als unproblematisch. Aber auch hier waren meine VR-Kollegen nach intensiver Diskussion geschlossen dagegen. Grund: das schafft nur Bequemlichkeit, der nötige Druck strategischer Anpassungen wird dann nur zeitlich verdrängt.»

---

85 Malik (2000)

> **Resultat:**
>
> – Der Haupteigentümer akzeptierte in beiden Fällen den Teamentscheid *und* ging mit einem sehr guten Gefühl nachhause: «Ich fand diese klaren Entscheide gegen mich gut! Auch wenn es mich zuerst ärgerte, kam für mich klar zum Ausdruck, dass sie sich für das Unternehmen einsetzen und nicht nur für mich persönlich. Obwohl sie wussten, dass ich als Mehrheitsaktionär letztlich eh machen könnte, was ich will, haben sie in der offen geführten Entscheidungsdiskussion Mut bewiesen und nein gesagt»
> – Der VRP/CEO trägt nun beide Entscheide mit voller Überzeugung mit.
>
> **Wichtigste Erkenntnisse aus diesem VR-Fall:**
>
> – Der strategische Dialog ist wertvoll, wenn ein operativ tätiger Eigentümer über Dinge diskutieren möchte, über die er mit der GL nicht sprechen kann. Im offenen Diskurs und einer ehrlich geführten Entscheidungsdiskussion können externe VR-Mitglieder (wie im vorliegenden Fall) dem VRP/CEO den Spiegel vorhalten.

4.5 Gezieltes Feedback für VR- und GL-Mitglieder[86]

Ein gezieltes Feedback für *VR-Mitglieder* fördert sowohl das Engagement der VR-Mitglieder wie auch die Weiterentwicklung ihrer Fach- und Rollen-Kompetenzen. Statt eigentlicher «Beurteilungsgespräche» schlägt Hilb (2010) dazu v.a. *Selbst*beurteilungen durch die VR-Mitglieder selbst und informelle Feedback-Gespräche vor. Dabei sind folgende Fragen zu klären:

– wie regelmässig soll das Feedback erfolgen?
– sollen die VR-Mitglieder einzeln und/oder das Team als Ganzes beurteilt werden?
– soll die Beurteilung offen oder anonym erfolgen?

Unabhängig von der gewählten Methode sind folgende Punkte zu beachten:

– die Bewertungskriterien sind vorgängig im VR-Team gemeinsam zu ermitteln. Als Ausgangspunkt können die Checklisten im Anhang dienen.
– die Resultate der Selbst- und Fremdevaluation müssen mit den betroffenen Personen bzw. Teams besprochen werden.

---

[86] dieser Abschnitt basiert vorwiegend auf Hilb (2010, S. 115 ff.)

- aus jeder Feedbackbesprechung sind gezielte Verbesserungs- bzw. Entwicklungsmassnahmen abzuleiten.

Möchte der VR aus bestimmten Gründen auf eine systematische Selbst-Evaluation verzichten, sollte er alternativ dazu wenigstens alle zwei Jahre die Einhaltung (und allfällige Anpassung) der gemeinsam definierten Kooperationsregeln mittels Feedbackrunde am Schluss einer VR-Sitzung offen diskutieren. Eine relativ einfache und pragmatische Feedback- und Teamentwicklungs-Methode für VR-Teams bietet dazu die «Continue-Start-Stop»-Methode.[87] Zunächst wird ein Flipchart wie in **Tabelle 17** vorbereitet. Anschliessend schreibt jedes VR-Mitglied:

- (auf je einem gelben Post-it) was es an den einzelnen Teammitgliedern und am Team als Ganzes am meisten schätzt ("continue"),
- (auf je einem blauen Post-it) was die einzelnen Teammitglieder und das Team neu in Betracht ziehen sollten («start»),
- (auf je einem roten Post-it) was die einzelnen Teammitglieder und das Team in Zukunft vermeiden sollten.

Die mit entsprechenden Buchstaben gekennzeichneten Zettel werden dann vom Moderator (allenfalls VR-Sekretär oder VR-Präsident) am entsprechenden Ort auf dem Flipchart angeheftet. Anschliessend betrachten die Teammitglieder die Resultate und überlegen bzw. notieren sich die Konsequenzen, die sie für sich und für das Team als Ganzes ableiten. Je nach Fall können die Einträge auch gemeinsam diskutiert werden.

---

[87] vgl. Hilb (2010), in Anlehnung an Garratt (2003)

VR-Mitglied: \ Verhalten:	Continue	Start	Stop
A: Name			
B: Name			
C: Name			
D: Name			
E: Name			
F: VR-Team			

Tabelle 17: Pragmatische Feedback-Runde mit der «Continue-Start-Stop»-Methode

Eine wesentliche Aufgabe des VR liegt in der Bewertung der Geschäftsleitung, insbesondere des CEO. Eine faire, objektive und konstruktiv-offene Leistungsbeurteilung leistet dabei einen wesentlichen Beitrag zur Förderung der Zusammenarbeit. Auch hier sind zuvor im VR folgende Fragen zu klären:

- wird nur der CEO oder sollen alle GL-Mitglieder vom VR bewertet werden?[88]
- soll die Bewertung des CEO nur von unabhängigen VR vorgenommen werden (so dass die Gefahr eines Interessenkonflikts vermieden wird) oder auch von solchen mit Doppelfunktion (falls das VR-Team keine bzw. zu wenige externe VR-Mitglieder besitzt)

Folgende Punkte zum GL-Feedback sind zu beachten:

- der Feedback-Bogen mit den entsprechenden Bewertungskriterien soll in Absprache mit der GL bzw. dem CEO erfolgen
- die Beurteilungskriterien sollen sowohl Input- (Verhalten) als auch Output-Merkmale (Ziele) aufweisen

---

88 in der Regel empfiehlt es sich, die Beurteilung durch den Direktvorgesetzten vornehmen zu lassen, also die GL-Mitglieder durch den CEO.

- in der Beurteilung durch die VR-Mitglieder sollte jeweils ein Konsens angestrebt werden
- die Besprechung der Beurteilung und Ableitung gezielter Aktionsschritte erfolgt am besten in einem gemeinsamen Gespräch zwischen VR-Präsident (bzw. CEO) und dem betroffenen GL-Mitglied.

Weitere pragmatische Beispiele für die unterschiedlichen Feedbackvarianten finden sich bei Hilb (2010, 115. ff). Ein kostenloses Online-Tool dazu findet sich unter *http://www.board-audit.ch*.

5 Strategie

Die ideale Zusammensetzung, die strategische Rollenaufteilung und die Zusammenarbeit des VR-& GL-Teams, der optimal an das eigene KMU angepasste Strategieprozess und der zweckmässige Einsatz der strategischen Instrumente dienen letztlich dem Ziel, die Zukunft des Unternehmens mittels **nachhaltiger Strategie** erfolgreich zu sichern. In unserem integrierten VR*Strategiekonzept (vgl. **Abb. 2**) ist die Strategie deshalb auch im Zentrum positioniert.

Unsere Erfahrungen aus Strategieprojekten mit KMU zeigen, dass sich deren Führungskräfte häufig folgende drei Fragen zur Strategie stellen:

1. Was genau gehört in eine KMU-Strategie? D.h. welches sind die wesentlichen Komponenten?
2. Wie dokumentieren wir die Strategie?
3. Wie prüfen wir die Qualität einer Strategie? D.h. was ist eine gute bzw. *echte* Strategie?

Wir teilen darum das letzte Kapitel entlang dieser drei Hauptfragen wie folgt auf:

- in **Kapitel 5.1 bis 5.6** behandeln wir die wesentlichen **Komponenten** einer **Strategie:**
  - **5.1 Unternehmensstrategie**: welche Gesamtstrategie («Geschäftskonzept») verfolgt das KMU? Beschränkt es sich auf einen einzigen

Geschäftsbereich[89] oder bearbeitet es mehrere? Falls letzteres zutrifft: welche Logik bzw. welcher Zusammenhang besteht zwischen den einzelnen Geschäftsbereichen?

- **5.2 Positionierung**: welche Positionierung strebt das KMU in den wichtigsten Geschäftsbereichen an? D.h. welches sind die anvisierten Leistungen, Marktsegmente und -regionen? Mit welchen Wettbewerbsvorteilen will sich das KMU profilieren? Welche Stossrichtungen (z.B. halten vs. forcieren vs. abbauen) sind einzuschlagen, um von der Ist- zur Soll-Positionierung zu gelangen?
- **5.3 Schlüsselprozesse und Kernkompetenzen**: welche Hauptaktivitäten, Fähigkeiten und Ressourcen unterstützen uns bei der Erlangung der angestrebten Positionierung? Welche davon müssen gezielt gefördert oder aufgebaut werden?
- **5.4 Innovations- & Investitionsprojekte**: mit welchen Innovationen und Investitionen wollen wir den Erfolg des Unternehmens nachhaltig sichern?
- **5.5 Organisationsentwicklung:** welches sind die wichtigsten internen Initiativen zur Unterstützung der nachhaltigen Unternehmensentwicklung (z.b. Förderung der Unternehmenskultur, Corporate Identity, strukturelle Anpassung)?
- **5.6 Strategische Ziele**: welche quantitativen und qualitativen Ziele wollen wir mittel- und langfristig erreichen?

- in **Kapitel 5.7** stellen wir einen pragmatischen Ansatz zur **Dokumentation** der **KMU-Strategie** vor.
- in **Kapitel 5.8** behandeln wir die wichtigsten Kriterien, anhand derer die **Qualität** und **Nachhaltigkeit** einer **Strategie beurteilt** werden können.

---

89 auch als strategische Geschäftseinheiten (SGE) bezeichnet. Wir verzichten hier aus praktischen Gründen (für KMU) auf die Unterscheidung zwischen strategischen Geschäftsfeldern (SGF) und strategischen Geschäftseinheiten (SGE).

Bisweilen beklagen sich Führungskräfte darüber, dass die Strategie ihres KMU zu abstrakt sei, um konkrete Handlungsanweisungen für deren Umsetzung zu liefern. Nicht selten beschränken sich KMU-Strategien auf Aussagen wie zum Beispiel folgende: «Wir verfolgen im Markt für Zahntechnik eine Differenzierungsstrategie.» Hier bleibt unklar, wer oder was genau dieser Markt ist, wie man sich konkret differenzieren will und welche groben Stossrichtungen einzuschlagen sind, um diese Strategie zu realisieren.

Wir vertreten hier darum ein ganzheitliches Verständnis des Strategiebegriffs, welches konkret folgende Fragen beantworten soll:

- **wer oder was wollen wir in Zukunft sein?** Das heisst: welche Positionierung und Wettbewerbsvorteile streben wir an und welche Schlüsselprozesse und Kernkompetenzen sind dazu erforderlich?
- **welche groben Stossrichtungen schlagen wir ein**, um die angestrebte Positionierung zu erreichen? Das heisst: was wollen wir weiter pflegen, was forcieren, neu aufbauen / entwickeln, reduzieren oder ganz streichen?
- **welche Ziele setzen wir uns mittel- und langfristig**, um die Wirksamkeit der Stossrichtungen und die Erreichung der angestrebten Positionierung überprüfen zu können?

Die folgenden Komponenten der Strategie müssen sowohl die Beschreibung eines gewünschten Endzustands als auch den groben Weg dahin in Form von Stossrichtungen (oder grundsätzlichen Vorgehensweisen) beschreiben. Letztere bilden eine wesentliche Grundlage für die zu Beginn der Umsetzung zu formulierenden Massnahmenprogramme.

5.1 Unternehmensstrategie (Geschäftskonzept)

In der Unternehmensstrategie betrachten wir das Unternehmen als Ganzes. Auch KMU sind häufig in verschiedenen Geschäftsbereichen (d.h. Produkt- / Marktbereichen) tätig. Dies kann (muss aber nicht) je nach Fall auch zur Bildung separater organisatorischer Einheiten führen, welche unterschiedliche Formen annehmen können: von einem Produktteam bis zu einer rechtlich und strategisch selbständigen Tochtergesellschaft. Sobald ein KMU in mehreren Geschäftsbereichen mit wichtigen strategischen Unterschieden (z.b. bezüglich Marktbearbeitung, Kundenanforderungen, Produkttechnologie oder -eigenschaften, Preisgefüge und Kostenstruktur) tätig ist, stellt sich die Frage nach der Logik bzw. nach dem Sinn der Gesamtstrategie des Unternehmens.

Wesentliche Unterschiede zwischen wichtigen Geschäftsbereichen erfordern in der Regel unterschiedliche strategische Überlegungen und Antworten. Auch wenn ein KMU nicht in separate organisatorische Einheiten aufgeteilt ist, hat es dies zu berücksichtigen. So sollte bspw. eine Kommunikationsagentur, die Marketing- und Werbekonzepte bisher nur für kleine und mittelgrosse Gewerbebetriebe erstellt hat, das mögliche Segment internationaler Grosskunden als separaten strategischen Geschäftsbereich betrachten. Die Kundenbedürfnisse, erforderlichen Ressourcen und Kompetenzen und somit die ideale Strategie weichen nämlich stark vom bisherigen Geschäft ab.

Die Beschreibung des Geschäftskonzepts beantwortet folgende zwei Fragen (vgl. die Beispiele in **Tabelle 18**):

- In welchen Geschäftsbereichen soll das KMU in Zukunft tätig sein?
- Welche Beziehungen sollen zwischen den unterschiedlichen Bereichen bestehen?

Die erste Frage erfordert auch grundsätzliche Überlegungen zum Wachstumskonzept des KMU. Will man z.b. mit bisherigen Leistungen in neue Märkte vorstossen oder will man in völlig neue Geschäfte diversifizieren? Oder aber sollen primär die bisherigen Bereiche besser ausgeschöpft bzw. durchdrungen werden? Verfolgt ein KMU eine Wachstumsstrategie, sind die Erfolgsaussichten dann am höchsten, wenn es (1.) sein vorhandenes Kerngeschäft ausbaut und verstärkt und (2.) nicht zu viele neue Bereiche gleichzeitig bearbeitet. **Abb. 22** zeigt die vielfältigen Möglichkeiten einer Wachstumsstrategie, ohne gleich eine unverwandte Diversifikation (in der Abbildung «Neue Geschäftsfelder») einschlagen zu müssen.

In der zweiten Frage geht es vor allem um die Überlegung, ob die Nutzung von Synergiepotentialen (z.b. gemeinsame Nutzung wichtiger Ressourcen oder Know-how-Transfer) zwischen den verschiedenen Geschäftsbereichen angestrebt wird oder ob man bewusst in nicht (stark) verwandten Geschäften tätig sein will, um einen besseren Risikoausgleich herzustellen. Letzteres kann auch für ein KMU ein möglicher Ansatz sein, wenn es von einem einzelnen Bereich zu stark abhängig ist und dieser künftig grössere Markt- oder Technologierisiken birgt. Will sich ein KMU weiterhin nur auf einen Geschäftsbereich fokussieren, soll das in der Unternehmensstrategie explizit festgehalten und begründet werden.

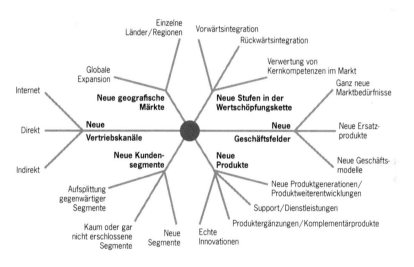

Abb. 22: Möglichkeiten zum Wachstum aus dem Kern (Zook, 2004)

Beispiel 1: Metallverarbeiter

Unternehmensbereiche:
- Wir sind in drei Strategischen Geschäftseinheiten (SGE) tätig:
  - Heiz- und Metalltechnik (SGE1)
  - Treppenbau (SGE2)
  - Produktion und Handel von landwirtschaftlichen Produkten jeglicher Art (SGE3)

Logik / Synergien:
- zwischen SGE1 und 2 bestehen wichtige Synergien in der Produktion und im Material-Know-how
- SGE3 (landwirtschaftliche Produkte) ist historisch bedingt (Beitrag zum Erhalt von Arbeitsplätzen in der ländlichen Region)

Stossrichtungen:
- Weiterer Ausbau der Heiz- und Metalltechnik (Kerngeschäft)
- Halten unserer Position im Treppenbau (als 2. Standbein)
- mittelfristig: Auslagerung von SGE3 in eine selbständige Gesellschaft

Beispiel 2: Hotel

- Wir konzentrieren uns in Zukunft auf die Führung eines 4*-Hotels am Standort XY und verzichten aus Ressourcen- und Risikogründen bewusst auf Aktivitäten ausserhalb dieses Kerngeschäfts. Darum veräussern wir mittelfristig die betriebsfremde Liegenschaft YZ.

Tabelle 18: Unternehmensstrategie (Beispiele)

5.2 Positionierung

Eine möglichst *einzigartige* Positionierung bildet eine wichtige Voraussetzung für den nachhaltigen (d.h. langfristigen) Unternehmenserfolg. Sie bezieht sich auf die Segmentierung («was für wen wo?»), die Wettbewerbsvorteile und auf Verzichtsentscheide («Trade-offs»). Ist ein KMU in mehreren Geschäftsbereichen (SGE) tätig, die sich strategisch deutlich unterscheiden, muss es entsprechende separate Positionierungen vornehmen.

Als zentraler Teil der Positionierung legt die **Segmentierung** fest,
- welche **Leistungen** (Produkte / Dienstleistungen)
- für welche **Kunden** mit welchen **Bedürfnissen**
- in welchen **geografischen Märkten**

vom KMU in Zukunft angeboten werden. Ein KMU kann normalerweise die angestrebte **Einzigartigkeit** in einem bestimmten Geschäftsbereich nur über eine **Spezialisierung** erlangen. Richtet es seine Aktivitäten, Ressourcen und Kompetenzen gezielt und beharrlich auf diese Spezialisierung aus, kann es sich langfristig auch gegenüber Grossunternehmen behaupten. Für KMU ergeben sich dabei folgende Möglichkeiten:[90]

- **Leistungsspezialisierung**: das Unternehmen fokussiert sich auf ein bestimmtes Produkt, eine bestimmte Dienstleistung, ein spezielles Knowhow (z.B. Rohstoff) oder Verfahren (z.B. Wärmebehandlung). Die Bündelung der Kräfte in diesem Leistungsbereich erzeugt «strategische Stosskraft» und verhilft dem Unternehmen so zu einer ausserordentlichen Leistung. Nicht selten führt diese Spitzenleistung dazu, dass sie *international* (oder gar global) von *verschiedenen Kundensegmenten* gleichzeitig nachgefragt wird. So bedient ein erfolgreicher Hersteller hochstehender Laborgeräte, mit denen man die Zusammensetzung von Proben untersucht, weltweit eine Reihe von Geschäftskunden aus ganz verschiedenen Marktsegmenten wie Pharma, Kräutermittel, Food & Beverage, Forensik oder Kosmetik. Auch wenn die Geräte den speziellen Bedürfnissen der unterschiedlichen Kunden angepasst werden, sind sie grundsätzlich sehr ähnlich und basieren alle auf dem gleichen technologischen Verfahren.
- **Problem- bzw. Bedürfnisspezialisierung**: da eine reine Leistungsspezialisierung oft mit Risiken verbunden ist (z.B. bei Technologiewandel), fokussieren sich einige erfolgreiche KMU nicht primär auf ein Produkt oder eine Leistung, sondern auf das damit verbundene Grundbedürfnis (oder -problem) des Kunden. So profiliert sich ein grösseres KMU auf das Problem «Gebäudesicherung» und bietet nebst dem ursprünglichen Produkt (mechanische Türschlösser) auch neue Systeme (elektronische und biometrische Schliesskonzepte) an.
- **Markt- bzw. Kundenspezialisierung**: viele der von Hermann Simon (2012) bezeichneten «Hidden Champions» (d.h. der unbekannten, mittelständischen Weltmarktführer) verfolgen diese Strategie. Sie definieren ihren Markt relativ eng und bearbeiten diesen tief, d.h. richten ihre

---

90 vgl. z.B. Friedrich et al. (2009)

gesamte Produkte- und Dienstleistungs-Palette gezielt auf das definierte Marktsegment aus. Marktsegmente können sich z.b. auf Branchen, Kundentypen (z.B. Kinder) oder Unternehmensgrössen (z.B. Kleingewerbe) beziehen. Ein gutes Beispiel für Branchenspezialisierung liefert ein Unternehmen, welches Geschirrspülsysteme für gewerbliche Kunden herstellt. Das Marktpotenzial dazu ist riesig und umfasst u.a. Schulen, Krankenhäuser, öffentliche Verwaltungen, Anstalten und Kasernen. Nachdem das Unternehmen feststellen musste, dass es im Gesamtmarkt nur ein unbedeutender Mitläufer war, fokussiert es sich nun seit einiger Zeit auf das Segment der Hotels und Restaurants mit einer umfassenden (d.h. «tiefen») Leistungsabdeckung (Spülmaschinen, Wasseraufbereitungsanlagen, Geschirrspülmittel, Wartung und Service). Dadurch erzielt es einen deutlich höheren Marktanteil und ansprechendere Gewinnmargen als bisher und ist mittlerweile aus den Schuhen eines KMU hinausgewachsen.[91]

- **Geografische Spezialisierung**: existieren in einer bestimmten geografischen Region spezielle Bedürfnisse oder Rahmenbedingungen (z.B. aufgrund klimatischer, kultureller oder rechtlicher Faktoren) kann es sich für ein KMU lohnen, seine Leistung darauf auszurichten. So fokussieren sich viele Regionalbanken bewusst auf eine eng abgegrenzte Region, um Vorteile dank lokaler Verankerung zu erzielen.

Spezialisierung wird häufig mit Umsatz- bzw. Wachstumsbeschränkung verwechselt. Viele erfolgreiche Beispiele von Hidden Champions beweisen das Gegenteil. Die dank Spezialisierung erbrachte Spitzenleistung ermöglicht diesen Unternehmen höhere Wachstumsraten als ihren allgemein ausgerichteten Wettbewerbern. Ist das Potenzial einer Spezialisierung jedoch einmal ausgeschöpft oder muss gar mit einem Rückgang gerechnet werden, weiten erfolgreiche KMU ihr Geschäft sehr selektiv in Bereiche aus, in denen segmentsübergreifende Synergien (in den Kosten oder der Leistung) erzielt werden können.

---

91 Simon (2012)

Die Positionierung gibt auch Aufschluss über **Wettbewerbsvorteile** des KMU, d.h. über Kosten- und/oder Differenzierungsvorteile gegenüber der Konkurrenz. Kostenvorteile erlangt man, indem man wichtige Tätigkeiten/Prozesse günstiger als andere ausführt. Differenzierungsvorteile erzielt man dann, wenn man den Kunden in bestimmten Nutzendimensionen (z.B. Qualität, Design, Service, Geschwindigkeit) einen Mehrwert gegenüber der Leistung der Wettbewerber liefert. Die oben erwähnte Spezialisierung und die Tatsache, dass unterschiedliche Kundensegmente einzelne Nutzendimensionen unterschiedlich gewichten, haben zur Folge, dass sich ein KMU in der Regel nicht über alle in der Branche beobachtbaren Wettbewerbsvorteile profilieren kann. Hier leistet das Instrument der Wertkurve (vgl. Abb. 17, Kapitel 3) nützliche Dienste: man kann anhand einer Soll-Wertkurve grafisch aufzeigen, in welchen Dimensionen das KMU für den Kunden im Vergleich zur Konkurrenz einen Mehrwert schaffen will.

Einzigartigkeit erfordert in der Regel auch Verzichtsentscheide, sogenannte «**Trade-offs**».[92] Sie beschreiben, auf welche Leistungsbereiche, Marktsegmente oder Aktivitäten man bewusst verzichtet, um eine Verzettelung, Imageverwässerung oder widersprüchliche Aktivitäten und Fähigkeiten zu vermeiden. Dazu folgende Beispiele:

«(1.) Um die Qualitätskontrolle über unsere Spitzenprodukte (kurze Haltbarkeit) zu sichern, beliefern wir ausser unseren eigenen Filialen keine anderen Detailhandelsgeschäfte. Aus dem gleichen Grund vergeben wir auch keine Franchising-Verträge an Dritte.
(2.) Wir verzichten aus Qualitätsgründen auch auf jegliche Verwendung von Zusatzstoffen wie z.B. Konservierungsmittel oder künstliche Farbstoffe.»
(national tätiges Confiserie-Unternehmen)

---

[92] Porter (1997)

«Wir verzichten auf die Belieferung von Harddiscountern, sowohl im Inwie auch im Ausland. Ein solches würde unserer Philosophie widersprechen und uns der Gefahr von Preiskämpfen aussetzen. Wir verzichten auch auf Kooperationen mit Fastfood-Ketten und somit bewusst auf schnelles Wachstum; dies würde zu einer Verwässerung unserer Marke führen.» *(international tätiges KMU von Premium-Nahrungsmitteln)*

«Wir bieten keine Bauten für Firmenkunden an. Wir verkaufen kein Bauland. Beides würde finanzielle und personelle Ressourcen binden und anschliessend zu Engpässen im Kerngeschäft führen.» *(KMU, Bau und Verkauf von Fertighäusern für Privatkunden)*

5.3 Schüsselprozesse und Kernkompetenzen

«Der VR muss sich v.a. mit der Nachhaltigkeit des Unternehmens befassen, d.h. mit der langfristigen Sicherung der Unternehmensentwicklung. Dazu muss er frühzeitig feststellen, welche Eigenschaften und Fähigkeiten im Unternehmen bereits heute vorhanden sein müssen, um morgen zu bestehen.» *(erfahrener Turnaround-Experte)*

Die oben beschriebene einzigartige Positionierung muss sich in möglichst einzigartigen Aktivitäten, Ressourcen und Fähigkeiten des KMU spiegeln. Nur so wird sie schwer kopierbar und bietet sie einen möglichst langen Schutz gegen Nachahmer. Eine Strategie muss Auskunft über die **internen Voraussetzungen zur Erlangung von Wettbewerbsvorteilen** geben.

Dabei geht es nicht um eine möglichst komplette Auflistung aller wichtigen internen Faktoren. Die Herausforderung liegt vielmehr darin, sich hier auf die wenigen zentralen (drei bis fünf) Prozesse und Kompetenzen zu beschränken, welche das Unternehmen erfolgreich bzw. einzigartig macht. Wir formulieren hier also unsere:

- **Schlüsselprozesse**, d.h. jene Aktivitäten, mit denen wir die Qualität und/oder Kosten unserer Leistung wesentlich beeinflussen (z.B. Produkt-/Technologieentwicklung, Produktion, Vertrieb, Logistik, Kundendienst, Beschaffung).

und/oder

- **Kernkompetenzen**[93], d.h. jene Kombination von Ressourcen und Fähigkeiten, welche uns einzigartig und schwer kopierbar macht. Pümpin (1992) bezeichnet solche Kernkompetenzen als «Strategische Erfolgspositionen» (SEP).

Tabelle 19 zeigt zwei Beispiele dazu. In der Schweiz und in Deutschland setzen erfolgreiche industrielle KMU oft stark auf eine hohe Wertschöpfung, mit hoher Fertigungstiefe und eigener Forschung und Entwicklung, ähnlich dem ersten Beispiel. Dies ermöglicht ihnen die Kontrolle über den ganzen Wertschöpfungsprozess.[94]

Beispiel 1: Metallverarbeitendes KMU (Feinschneiden)

Kernkompetenzen:
- Herausragendes spanloses Fertigungsverfahren, welches uns in der Produktion zur «Präzision im Grenzbereich» befähigt. Die wichtigsten Komponenten unserer Kernkompetenz sind:
  - unsere hochqualifizierten Fachkräfte in der Entwicklung und Produktion
  - der eigene Werkzeugbau
  - ein schlankes Prozessmanagement (Lean Management).

Schlüsselprozesse:
- Entwicklung und Herstellung aller Werkzeuge im eigenen Haus. Dadurch erreichen wir eine hohe Kundenbindung.

Stossrichtungen:
- Kontinuierliche Weiterentwicklung unserer Fertigungsverfahren
- Forcierung unser Fähigkeiten im Bereich Werkzeugkonstruktion

---

93 in KMU können diese den von Pümpin (1992) bezeichneten Strategischen Erfolgspostionen (SEP) gleichgesetzt werden.
94 vgl. die Hidden Champion bei Simon (2012)

> **Beispiel 2: Produzent hochwertiger Garne (KMU)**
>
> **Schlüsselprozesse:**
> – effiziente Rohmaterialbeschaffung => frühzeitige Prüfung der Güte des Erntejahrgangs vor Ort über eigene Niederlassung in USA
> – ständige Entwicklung neuer Produkte durch hohe F+E-Investitionen
> – schnelle Beantwortung von Sonderwünschen dank zweitem Standort in Amerika, 24h-Service und grosser Lagerhaltung
>
> **Kernkompetenzen:**
> – einzigartiges Rohstoff-Know-how (Baumwolle)
> – qualitätsbewusste Produktion in Verbindung mit hoher Innovationskraft
>
> **Stossrichtungen:**
> – Sicherung der einzigartigen Produktions- und Entwicklungsfähigkeiten durch verstärkte Aus- und Weiterbildung von Lernenden bzw. Fachkräften vor Ort

Tabelle 19: Schlüsselprozesse und Kernkompetenzen (Beispiele)

5.4 Innovations- und Investitionsprojekte

Bei der Behandlung der STOP-Matrix (vgl. Kapitel 1) haben wir darauf hingewiesen, dass ein KMU langfristig nur erfolgreich sein kann, wenn es über Innovationen und Investitionen sowohl die operative Exzellenz als auch seine Wettbewerbsvorteile sichert. Wir halten in der Strategie darum **die wichtigsten Innovations- und Investitionsprojekte** fest, welche dem KMU die **Zukunft sichern** sollen.[95] Oft lohnt es sich auch, im Anhang zur Strategie eine Liste aller laufenden Projekte (inkl. Priorisierung nach Fristigkeit und Wichtigkeit) zu erstellen. Dadurch wird relativ schnell ersichtlich, ob ein ausgewogener Mix zwischen kurz-, mittel- und langfristig ausgerichteten Projekten besteht.

Die Projekte können vielfältiger Natur sein, wie z.B.:
– Aufbau einer zweiten Produktionsreihe
– Erstellung eines Neubaus für Produktion und Logistik
– Investition in modernste Produktionsanlage

---

95 Je nach Fall können hier auch Projekte für die bereits in Kapitel 5.1 bis 5.3 formulierten Stossrichtungen nochmals aufgelistet werden.

- Aufbau E-Commerce
- Kauf einer Technologielizenz
- KTI-Forschungsprojekt mit einer Fachhochschule für die Entwicklung einer völlig neuartigen Lösung/Technologie
- Bau eines Fotovoltaik-Flachdaches
- Innovationsprogramm für die Entwicklung einer neuen Modellreihe.

5.5 Organisationsentwicklung

Oft ergeben sich aus einer strategischen Ausrichtung auch Konsequenzen für die Gestaltung der Organisation. Fehlgeleitete Strategieumsetzungen sind dabei oft auf die Vernachlässigung der «weichen Faktoren» (Führung, Fähigkeiten und Eigenschaften der Mitarbeitenden, Kultur) zurückzuführen. Wir halten darum **die wichtigsten (zwei bis vier) Projekte zur strategiekonformen Organisationsentwicklung (OE)** fest und stellen sicher, dass die weichen Faktoren dabei nicht untergehen. Auch OE-Projekte können sehr unterschiedliche Formen annehmen, wie z.B.:

- Neugestaltung des Marktauftritts bzw. der Marketingkommunikation
- Eingehen bestimmter Kooperationen mit anderen Unternehmen
- Struktur- oder Prozessanpassung an die neu definierten strategischen Geschäftseinheiten
- Entwicklung und/oder Ausbau der nötigen Personalressourcen
- Führungsschulung für das ganze Kader
- gezielte Selektion von Mitarbeitenden mit bestimmten Fähigkeiten/Qualifikationen
- Einführung einer systematischen Personalbeurteilung und Honorierung
- Umgestaltung der Büros/Infrastruktur zur Förderung einer innovativen Unternehmenskultur.

5.6 Strategische Ziele

Eine Strategie ohne Ziele bleibt unverbindlich und unüberprüfbar. Eine **ganzheitlich formulierte Strategie beinhaltet** darum **mittel- und langfristige Ziele.** Sie sollten fordernd, aber realisierbar sein und folgende zwei Arten umfassen:

- **quantitative Ziele**, wie Umsätze, Gewinne, ROI, Marktanteil (z.B. pro SGE und/oder für das Gesamtunternehmen)
- **qualitative Ziele** mit einem überprüfbaren und terminierten Soll-Zustand. Beispiele dazu sind: Kooperationsvertrag vereinbart, Reorganisation abgeschlossen, Marketingkonzept erstellt, neue Produktreihe lanciert, Ausbildungs- und Anreizkonzept freigegeben und kommuniziert, Übernahme erfolgreich integriert, Neubau erstellt.

Die strategischen Ziele sind im Einklang mit den in 5.1 bis 5.5 formulierten Stossrichtungen zu formulieren. Häufig muss beides in einem iterativen Prozess miteinander abgeglichen werden.

5.7 Dokumentation der Strategie

KMU mit einer klar dokumentierten Strategie weisen in unserer Studie deutlich höhere Erfolgswerte auf als jene ohne Strategiedokumentation. Dieses Resultat überrascht nicht, denn ohne schriftliche (und somit verbindliche) Strategie fehlt den Aktivitäten im Tagesgeschäft die klare Ausrichtung. Eine dokumentierte Strategie erfüllt mehrere Zwecke, wie folgende Aussage verdeutlicht:

«Natürlich dokumentieren wir die Strategie. Erstens zwingt die schriftliche Fixierung, die in Gedanken unserer Führungskräfte oft bereits vorgenommene strategische Ausrichtung gemeinsam und systematisch zu durchdenken. Ich bezeichne das als ‹Hygienefaktor›: wer eine Strategie selber schreibt, muss sie gedanklich auch wirklich durchdringen; kein triviales Ziel, will man das Dokument wirklich prägnant und konsistent formulieren. Zweitens gibt uns das Dokument die Richtung für unsere Umsetzungsaktivitäten vor. Und drittens ist es ein wesentliches Kommunikationsinstrument für alle Mitarbeitende, sofern es stufengerecht angepasst wird. Persönlich bin ich überzeugt, dass in einem KMU jeder mindestens die zentralen Aussagen der Strategie kennen sollte.» *(VR-Präsident, KMU in der Elektronikbranche)*

Die Herausforderung bei der Strategiedokumentation[96] liegt darin, die für die Planung der Umsetzungsaktivitäten nötige Prägnanz zu erzielen, sich nicht in zu vielen Detailinformationen zu verlieren und auch nicht zu abstrakt zu bleiben. Aus unserer Erfahrung erreicht man das am besten, wenn man die anvisierten Hauptkomponenten der Strategie (vgl. Kapitel 5.1 bis 5.6) mit zentralen und prägnanten Aussagen auf 1–2 Seiten zusammenfasst (vgl. dazu das **VR-Praxisbeispiel 10**).

---

[96] je nach Auffassung beinhaltet ein Strategiepapier nicht nur die eigentliche Strategie, sondern auch den Analyseteil (SWOT) und/oder die Umsetzungsmassnahmen. Wir fokussieren uns hier bewusst nur auf die strategische Ausrichtung und verweisen für den Analyse- und Umsetzungsteil auf Kapitel 3 (Strategische Instrumente) bzw. auf den KMU*STAR-Navigator (Lombriser et al., 2011)

VR-Praxisbeispiel 10: Dokumentation KMU-Strategie (Grossbäckerei)[97]

1. Unternehmensstrategie: *(für die nächsten 5 Jahre)*

Unternehmensbereiche. Die Beck AG ist zukünftig in drei SGE tätig:
- Bäckerei-Verkaufsfilialen
- Caféfilialen
- Aufbau: B2B (Zulieferung Industrie/Gross-/Detailhandel mit Eigen- und Fremdprodukten)

Logik:
- Caféfilialen steigern die Bekanntheit unserer Eigenkreationen und bringen zusätzlich Kunden für die Verkaufsfilialen
- Die dritte SGE B2B soll optimale Auslastung unserer zentralen Produktion ermöglichen

Stossrichtungen:
- sanfter Ausbau der SGE1 Verkaufsfilialen
- forcierter Ausbau der SGE2 Caféfilialen
- Neuaufbau SGE3 B2B

2. Positionierung:

Leistungen:
- Bäckerei-, Konditorei-, Confiserie- und Traiteurartikel, hausgemachte Glacés
- Mittagsmenus, Salate, Frühstücksbuffet
- Catering und Apéroservice

Marktsegmente:
- Endkonsumenten (1. Prio: Quartier- & Laufkundschaft, 2. Prio: Studenten/Gewerbeschüler)
- Detail- und Grosshandel; Industriebäckereien (als Nischenfüller für «Handmade»-Produkte)
- Firmen (Catering)

Regionen:
- Ostschweiz/Rheintal (5 Bäckereien; 3 Caféfilialen)
- Ostschweiz und Agglomeration Zürich (Firmen, Grosshandel; Industriebäckereien)

Wettbewerbsvorteile:
- hohe Produktqualität (dank hoher Handfertigung) und reichhaltige Auswahl
- regional bekannte Confiserie-Eigenkreationen/Innovationen
- Lieferbereitschaft/-flexibilität
- zentrale, gut frequentierte Standorte

Trade-offs:
- keine Konservierungsmittel in Hausglacés; keine Laugenprodukte
- keine Belieferung von Harddiscountern (Marge!)

Stossrichtungen:
- Filialnetz (Bäckereien, Cafés) weiter aufbauen
- starke Forcierung/Kommunikation unser Produktentwicklungs-Fähigkeiten (für Grosshandel)
- starker Ausbau B2B-Kunden

---

97 zur Wahrung der Anonymität handelt es sich hier um ein stark abgeändertes Beispiel.

3. Schüsselprozesse und Kernkompetenzen:
Schlüsselprozesse:
- zentrale Produktion mit hoher Fertigungstiefe
- Just-in-Time Lieferungen

Kernkompetenzen:
- handwerkliches Know-how «Hand & Homemade»
- Supply Chain Management (Prozesse, Infrastruktur, Lieferwagen)
- sehr innovative Produktentwicklungs-Fähigkeiten

Stossrichtungen:
- weiter forcieren: Produktentwicklungs-Fähigkeiten (Qualifizierung, Aufstockung)
- Neukonzeption Marketing für Grosshandel/Industrie

4. Innovations- und Investitionsprojekte:
- kurzfristig: Entwicklung und Test «Mobile Verkaufsstandorte» in Industriequartieren
- mittelfristig: Anschaffung Neuanlage (Confiserie)
- mittelfristig: Erweiterung Lagerinfrastruktur
- langfristig: Prüfung Neubau

5. Organisationsentwicklung:
- dringend: Nachfolgeregelung
- starke Forcierung interner Schulung
- neues Beurteilungs- und Honorierungskonzept für Filialen (für MA-Retention)

6. Strategische Ziele:
bis in drei Jahren:
- Umsatz: 15 Mio./Gewinn: 1.2 Mio. (davon Umsatz in SGE3: 1 Mio., Gewinn: 50 000)
- vier neue Caféfilialen eröffnet, 1 neue Bäckerei eröffnet (Raum St. Gallen/Thurgau)
- SGE3: Rahmenlieferverträge mit 5 Grosskunden vereinbart
- Testphase «Mobile Verkaufsstandorte» abgeschlossen, Entscheid weiteres Vorgehen gefällt
- Personalfluktuation 12% (gegenüber heute 20%)

bis in fünf Jahren:
- Umsatz: 17 Mio./Gewinn 1.4 Mio. (davon Umsatz in SGE3: 1.8 Mio., Gewinn: 180 000)
- zwei weitere Caféfilialen eröffnet, 1 weitere Bäckerei eröffnet (Raum Graubünden)
- Nachfolge geregelt
- Personalfluktuation 10%

5.8 Beurteilung einer Strategie aus VR-Sicht

Eine gute KMU-Strategie muss bestimmte Anforderungen erfüllen. Wir haben die prozessualen und methodischen Anforderungen in Kapitel 2 bzw. 3 vorgestellt. Hier fassen wir die *inhaltlichen* Eigenschaften zusammen, über welche eine KMU-Strategie verfügen muss. Will eine Strategie den Qualitätstest erfolgreich bestehen, müssen aus VR- *und* GL-Sicht folgende zehn Punkte möglichst alle mit ja beurteilt werden:

1. Sie ist **klar formuliert**. Sie zeigt auf, was das KMU in Zukunft sein will (Positionierung) und welche groben Stossrichtungen dazu eingeschlagen werden.
2. Sie muss den **VR-Leitplanken** und den Vorgaben der **Eignerstrategie** entsprechen.
3. Sie beinhaltet **mittel- und langfristige Ziele**. Dadurch wird sie verbindlich und überprüfbar.
4. Sie ist möglichst **einzigartig**. Operative Exzellenz genügt heute nicht mehr. Dank neuen IT-Technologien (Internet, E-Commerce usw.) und allgemein zugänglichen Managementtechniken (Total Quality Management, Customer Relationship Management usw.) können auch Konkurrenten branchenübliche Tätigkeiten effizient, schnell und gut ausführen. Eine einzigartige Positionierung erfordert eine ganz spezielle Antwort auf folgende Fragen: **Was** bieten wir **wem wo** an? **Wie** heben wir uns dabei ab? **Was** machen wir bewusst **nicht**, um unsere Position nicht zu verwässern?
5. Sie setzt auf die **Konzentration der Kräfte**. KMU erzielen strategische Stosskraft nur dann, wenn sie ihre Tätigkeiten, Ressourcen und Fähigkeiten auf wenige strategische Bereiche bündeln und so unnötige Verzettelung vermeiden.
6. Sie ist möglichst **nachhaltig**. Zum langfristigen Schutz der Einzigartigkeit muss die Strategie auf speziellen Schlüsselprozessen und Kernkompetenzen basieren, die schwer imitierbar oder substituierbar sind. *Echte Kernkompetenzen bestehen dabei aus einer Kombination verschiedener Ressourcen und Fähigkeiten, die aufeinander abgestimmt sind und sich gegenseitig verstärken.*

7. sie behält nebst den beobachtbaren «harten» Faktoren (Produkt, Märkte, Struktur, Systeme, Prozesse) **auch** einen Blick auf die **«weichen»** Faktoren. Organisationsbezogene Stossrichtungen wie z.b. die Entwicklung von Mitarbeiterkompetenzen, des Betriebsklimas und der Unternehmenskultur können darum wichtige Bestandteile einer Strategie sein.
8. sie setzt auf **Kontinuität** *und* **Erneuerung**. Was auf den ersten Blick als Widerspruch erscheint, bedingt sich bei näherer Betrachtung gegenseitig. Wenn diversifizierte Konzerne in bestimmten Geschäftsbereichen in ernsthafte Schwierigkeiten geraten, können sie im Gegensatz zu KMU viel eher Problemgeschäfte abstossen und in neue investieren. Diese Möglichkeit (welche auch für Grossunternehmen oft nicht die beste ist) steht KMU meist gar nicht offen. Vielmehr sind letztere gezwungen, die oft über Jahrzehnte aufgebauten Wettbewerbsvorteile beharrlich zu verteidigen. Das können sie jedoch nur, wenn sich gleichzeitig im Kerngeschäft stetig weiterentwickeln und erneuern.
9. darum beinhaltet die Strategie **mittel- und langfristige Stossrichtungen** und **Projekte**, welche idealerweise die obere *und* untere Hälfte der STOP-Matrix abdecken (vgl. unten), das heisst die sowohl die strategische Einzigartigkeit als auch die operative Exzellenz langfristig sichern.
10. sie pflegt einen bewussten, proaktiven Umgang mit **strategischen Risiken**. Jede Strategie muss darum darauf geprüft werden, wie robust sie gegenüber den in der SWOT-Matrix und den externen Szenarien formulierten Risiken ist. Zudem kann eine auf Einzigartigkeit und Spezialisierung ausgerichtete Positionierung Risiken enthalten (z.B. Substitution durch neue Technologie oder Bedürfnisverlagerung), welche zwar nicht in jedem Fall völlig ausgeschaltet werden können, so doch mindestens erkannt und thematisiert werden sollten. Auch Innovations- und Investitionsprojekte bergen strategische Risiken, deren Unsicherheiten und Auswirkungen durch kluges Setzen von Meilensteinen zur Überprüfung der Annahmen und des Erfolgsfortschritts kontinuierlich reduziert werden können.

STOP-Projektportfolio

Wie oben unter Punkt 9 darauf hingewiesen, muss ein KMU über mittel- und langfristige Projekte seine operative Exzellenz und strategische Einzigartigkeit (und somit seine Wettbewerbsvorteile) wahren. Ein einfaches Instrument, mit dem man sich diesbezüglich einen Überblick verschaffen kann, ist das STOP-Projektportfolio. Als erstes listet man alle relevanten Projekte auf, welche nebst dem üblichen Tagesgeschäft im KMU zurzeit laufen oder geplant sind. In der Regel sind dies zwischen 5 und 10 Projekte.

Anschliessend tragen wir die Projekte in der STOP-Matrix wie folgt ein:

- die relative Grösse des Kreises zeigt die Höhe des betroffenen Gewinnpotenzials. Ein grosser Kreis trägt wesentlich zum Erfolg bei bzw. hilft, einen grossen Teil des bisherigen Erfolgs zu verteidigen.
- dunkle Kreise sind mit mehr Unsicherheiten verbunden als helle Kreise (in denen die Auswirkungen des Projekts recht gut absehbar sind).
- die Verortung des Projekts in der horizontalen Achse zeigt an, welche Fristigkeit damit verbunden ist. Handelt es sich um ein kurzfristig ausgelegtes und schnell wirksames Projekt (links) oder sind die Massnahmen langfristig angelegt und die Auswirkungen erst in ein paar Jahren spürbar (rechts)?
- die Verortung des Projekts in der vertikalen Achse deutet an, ob es sich beim Projekt eher um die Sicherung bzw. Verbesserung der operativen Exzellenz (unten) handelt (was gute Konkurrenten ebenfalls verfolgen werden) oder aber eher unsere Einzigartigkeit in der Positionierung und in unseren Kernkompetenzen sichert bzw. weiter stärkt (oben).

Ein nachhaltiges Projektportfolio ist sowohl bezüglich Fristigkeit wie auch inhaltlicher Ausrichtung (operative Exzellenz *und* strategische Einzigartigkeit/Wettbewerbsvorteile) ausgewogen. Portfolios mit Projekten, die ausschliesslich hohe Unsicherheiten aufweisen, sind aufgrund der damit verbundenen Risiken genau zu prüfen und allenfalls zu hinterfragen. **Abb. 23** zeigt ein ausgewogenes STOP-Projektportfolio für eine Grossbäckerei.

Strategie 159

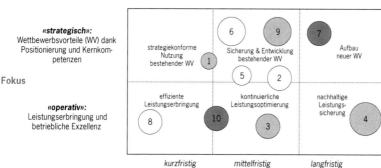

Projekte:
1. Aufbau «Mobile Verkaufsstandorte» Industriequartiere
2. Neuanlage (Confiserie)
3. Erweiterung Lagerinfrastruktur
4. Neubau Produktion
5. Neues Beurteilungs- und Honorierungskonzept für Filialen
6. Marketingkonzept Grosshandel/Industrie
7. Neues Verpackungskonzept SGE1 + 2
8. Einführung MbO-System
9. Einführung Innovationspreis (interner Wettbewerb)
10. KTI-Projekt «FWR2» («Food Waste Reduction & Recycling»)

○ Ausgang ziemlich sicher
◐ Ausgang ziemlich unsicher
● Ausgang sehr unsicher

Grösse des Kreises: Höhe des betroffenen Gewinnpotenzials

Abb. 23: STOP-Projektportfolio für eine Grossbäckerei

6 Schlussfolgerungen

Wir haben in der Einleitung für den «strategischen Verwaltungsrat» plädiert, der in seiner Führungstätigkeit sowohl die Kontroll- wie Gestaltungsfunktion wahrnimmt. In unserem VR*Strategiekonzept vereint diese Aufgaben jenes VR-Team am besten, das

- seine strategischen Kompetenzen mit jenen der Geschäftsleitung ideal ergänzt und eine sinnvolle Aufgabenteilung zwischen VR und GL vornimmt
- den strategischen Denkprozess im KMU aktiv fördert, ohne sich unnötig in operative Belange einzumischen
- seine strategische Rolle primär als «konstruktiver Sparringspartner» ausübt, das heisst im strategischen Dialog aktiv den Lernprozess im GL- und VR-Team fördert, eine wertvolle Aussensicht einbringt sowie Annahmen, Wirksamkeit und Ausgewogenheit von Strategievorschlägen konstruktiv-kritisch prüft
- wertvolle Inputs zur optimalen Gestaltung des Umsetzungsprozesses liefert
- die Strategiekontrolle ganzheitlich wahrnimmt, sowohl mit einem Rückwärts- wie Vorwärtsblick und …
- … dabei immer die langfristigen Interessen des Unternehmens schützt.

7 Checklisten und Musterformulare

Die folgenden Checklisten dienen der Evaluation und Weiterentwicklung der Strategiepraxis im eigenen KMU. Checklisten 1 bis 5 decken die fünf Hauptfelder unseres VR*Strategiekonzepts ab. Sie können individuell oder gemeinsam im VR-Team ausgefüllt werden. Die meisten Fragen können auch von GL-Mitgliedern beantwortet werden (insbesondere durch den CEO); ein Vergleich mit der VR-Sicht kann dabei wertvolle Einsichten liefern.

Die Einschätzung der *Wichtigkeit* der einzelnen Punkte in den Checklisten 1–5 soll ermöglichen, die Notwendigkeit bestimmter Punkte für das eigene KMU situativ zu bestimmen, um anschliessend die grössten Verbesserungspotenziale zweckmässig abzuleiten.

In den Formularen 6 bis 11 finden sich weitere hilfreiche Checklisten oder Muster zur Unterstützung bzw. Verbesserung der eigenen Strategiepraxis im KMU.

Checklisten 1–5 sind auch digital verfügbar unter:
www.kmu-star.ch (>VR-Strategie)

Selbstevaluation zum Thema:
1. VR & GL-Team

Wichtigkeit						Zufriedenheit				
sehr wichtig	wichtig	unwichtig	völlig unwichtig			sehr zufrieden	zufrieden	unzufrieden	sehr unzufrieden	nicht relevant
☐	☐	☐	☐	1.	Optimale **Grösse** von VR und GL für **aktuelle Erfolgssicherung**	☐	☐	☐	☐	☐
☐	☐	☐	☐	2.	Optimale **Grösse** von VR und GL für **zukünftige Erfolgssicherung**	☐	☐	☐	☐	☐
☐	☐	☐	☐	3.	**Kompetenzen für aktuelle Erfolgssicherung** in VR & GL vorhanden	☐	☐	☐	☐	☐
☐	☐	☐	☐	4.	**Kompetenzen für zukünftige Erfolgssicherung** in VR & GL vorhanden	☐	☐	☐	☐	☐
☐	☐	☐	☐	5.	Klare **personelle Trennung** von **VR** und **GL**	☐	☐	☐	☐	☐
☐	☐	☐	☐	6.	VR weist **unabhängige/externe VR-Mitglieder** auf	☐	☐	☐	☐	☐
☐	☐	☐	☐	7.	**Zuordnung** der **strategischen/operativen Aufgaben** in VR & GL **klar** und **formell** (z.B. Organisationsreglement, Funktionendiagramm) **geregelt**	☐	☐	☐	☐	☐
☐	☐	☐	☐	8.	Erfolgskritische **Themen** sind im VR einzelnen Mitgliedern **kompetenzgerecht zugeordnet**	☐	☐	☐	☐	☐
☐	☐	☐	☐	9.	Für erfolgskritische Themen existieren **VR-Ausschüsse**	☐	☐	☐	☐	☐
☐	☐	☐	☐	10.	VR berücksichtigt bei **Beurteilung der GL** strategische Komponenten (Wettbewerbsstellung; langfristige & nicht-finanzwirtschaftliche Indikatoren)	☐	☐	☐	☐	☐
☐	☐	☐	☐	11.	VR berücksichtigt bei **Honorierung der GL** strategische Komponenten (Wettbewerbsstellung; langfristige & nicht-finanzwirtschaftliche Indikatoren)	☐	☐	☐	☐	☐
☐	☐	☐	☐	12.	Gezielte **Entwicklung** der für Zukunft notendigen **GL-Kompetenzen** (bez. Markt/Branche/Kunden, Produkte/Technologie, Strategie, Innovation etc.)	☐	☐	☐	☐	☐
☐	☐	☐	☐	13.	**Selektion von VR-Mitgliedern** berücksichtigt die für **zukünftige Erfolgssicherung** erforderlichen Kompetenzen	☐	☐	☐	☐	☐
☐	☐	☐	☐	14.	**Beurteilung** von **VR** berücksichtigt **strategische Komponenten** (langfristige und nicht-finanzwirtschaftliche Indikatoren)	☐	☐	☐	☐	☐
☐	☐	☐	☐	15.	**Honorierung** von **VR** berücksichtigt **strategische Komponenten** (langfristige und nicht-finanzwirtschaftliche Indikatoren)	☐	☐	☐	☐	☐
☐	☐	☐	☐	16.	Gezielte **Entwicklung** der für Zukunft notendigen **VR-Kompetenzen** (bez. Markt/Branche/Kunden, Produkte/Technologie, Strategie, Innovation etc.)	☐	☐	☐	☐	☐
☐	☐	☐	☐	17.	**Konzept** zur **Unternehmensnachfolge** (CEO, GL-Team) vorhanden	☐	☐	☐	☐	☐
☐	☐	☐	☐	18.	**Konzept** zur **VR-Nachfolge** (VRP, VR-Team) vorhanden	☐	☐	☐	☐	☐
☐	☐	☐	☐	19.	situative Komponente:	☐	☐	☐	☐	☐
☐	☐	☐	☐	20.	situative Komponente:	☐	☐	☐	☐	☐

dringender und wichtiger Handlungsbedarf:

mittelfristige Verbesserungspotenziale:

Checklisten 163

Wichtigkeit				Selbstevaluation zum Thema: **2. Strategieprozess**	Zufriedenheit				
sehr wichtig	wichtig	unwichtig	völlig unwichtig		sehr zufrieden	zufrieden	unzufrieden	sehr unzufrieden	nicht relevant
☐	☐	☐	☐	1. **Eignerinteressen** in **Eignerstrategie** klar formuliert	☐	☐	☐	☐	☐
☐	☐	☐	☐	2. VR setzt **Leitplanken** zur **Methodik** des Strategieprozesses	☐	☐	☐	☐	☐
☐	☐	☐	☐	3. VR setzt **Leitplanken** zu **inhaltlichen Themen** der Strategie	☐	☐	☐	☐	☐
☐	☐	☐	☐	4. VR setzt **Leitplanken** zu **kurz-** und **langfristigen finanziellen Zielgrössen**	☐	☐	☐	☐	☐
☐	☐	☐	☐	5. **VR-Leitplanken** sind angemessen **konkret/detailliert**	☐	☐	☐	☐	☐
☐	☐	☐	☐	6. **VR-Leitplanken** sind **dokumentiert** und gegenüber GL **kommuniziert**	☐	☐	☐	☐	☐
☐	☐	☐	☐	7. **Zweckmässige Rollenaufteilung** zwischen VR und GL in **einzelnen Phasen** des Strategieprozesses	☐	☐	☐	☐	☐
☐	☐	☐	☐	8. **Rollenaufteilung** zwischen VR und GL im Strategieprozess **formell klar geregelt** (z.B. in Protokoll, Prozessplan)	☐	☐	☐	☐	☐
☐	☐	☐	☐	9. VR leistet **konstruktiven Beitrag** in der **Strategie-Entwicklung** (Analyse; Entwicklung/Bewertung von Alternativen)	☐	☐	☐	☐	☐
☐	☐	☐	☐	10. **Ganzheitliche Strategiekontrolle** (umfasst Umsetzungs- und Wirksamkeits-Kontrolle; Prämissen- und Strategieüberprüfung)	☐	☐	☐	☐	☐
☐	☐	☐	☐	11. **Strategiekontrolle** erfolgt in **konstruktivem Dialog** zwischen VR und GL	☐	☐	☐	☐	☐
☐	☐	☐	☐	12. **Kommunikation** der **Strategie** nach **innen/aussen** zwischen VR und GL **klar geregelt**	☐	☐	☐	☐	☐
☐	☐	☐	☐	13. **Regelmässige** Traktandierung/Behandlung der **Strategie** in **ordentlichen VR-Sitzungen**	☐	☐	☐	☐	☐
☐	☐	☐	☐	14. Durchführung **jährlicher Strategie-Workshops** (1–2 Tage) mit **VR- und GL-Beteiligung** für regelmässige **Strategieüberprüfung**	☐	☐	☐	☐	☐
☐	☐	☐	☐	15. **Strategie-Workshops** sind zielgerichtet, zweckmässig und **effizient**	☐	☐	☐	☐	☐
☐	☐	☐	☐	16. Insgesamt **genügend Zeit** für **Strategiedialog** zwischen **VR und GL**	☐	☐	☐	☐	☐
☐	☐	☐	☐	17. Einbezug **externer Moderatoren** (methodische, fachliche Begleitung)	☐	☐	☐	☐	☐
☐	☐	☐	☐	18. situative Komponente:	☐	☐	☐	☐	☐
☐	☐	☐	☐	19. situative Komponente:	☐	☐	☐	☐	☐

dringender und wichtiger Handlungsbedarf:

mittelfristige Verbesserungspotenziale:

Wichtigkeit				Selbstevaluation zum Thema: **3. Strategische Instrumente**	Zufriedenheit				
sehr wichtig	wichtig	unwichtig	völlig unwichtig		sehr zufrieden	zufrieden	unzufrieden	sehr unzufrieden	nicht relevant
☐	☐	☐	☐	1. **Leitbild** als Grundlage für Leitplanken vorhanden	☐	☐	☐	☐	☐
☐	☐	☐	☐	2. Aussagekräftige **Kostenrechnung** mit strategisch relevanter Gliederung	☐	☐	☐	☐	☐
☐	☐	☐	☐	3. Wichtige strategische **Erkenntnisse** aus **Risikomanagement** und **TQM** in Strategie-Entwicklung **integriert**	☐	☐	☐	☐	☐
☐	☐	☐	☐	4. **Fundierte interne Analyse** als Grundlage für Strategie	☐	☐	☐	☐	☐
☐	☐	☐	☐	5. **Fundierte externe Analyse** als Grundlage für Strategie	☐	☐	☐	☐	☐
☐	☐	☐	☐	6. Zusammenfassung der Analysen in **prägnanter SWOT-Matrix**	☐	☐	☐	☐	☐
☐	☐	☐	☐	7. **Frühzeitige Wahrnehmung** wichtiger externer Veränderungen und Integration in Strategie-Entwicklung	☐	☐	☐	☐	☐
☐	☐	☐	☐	8. Vorhandene **Informationen und Analysen** bilden **insgesamt genügende** Grundlage für **Strategieentwicklung**	☐	☐	☐	☐	☐
☐	☐	☐	☐	9. Raum für **kreative Ansätze** in Strategie-Entwicklung	☐	☐	☐	☐	☐
☐	☐	☐	☐	10. GL führt zweckmässiges und aktualisiertes **Massnahmenprogramm**	☐	☐	☐	☐	☐
☐	☐	☐	☐	11. GL führt zweckmässiges und jährlich aktualisiertes **strategisches Budget**	☐	☐	☐	☐	☐
☐	☐	☐	☐	12. VR + GL führen Strategiekontrolle mit **ganzheitlichen Schlüsselkennzahlen**	☐	☐	☐	☐	☐
☐	☐	☐	☐	13. Schlüsselkennzahlen beinhalten auch wichtige **Meilensteine/Zwischenetappen** der Strategieumsetzung	☐	☐	☐	☐	☐
				folgende Punkte sind v.a. bei einer grundlegenden Strategieerarbeitung zu prüfen:					
☐	☐	☐	☐	14. Entwicklung möglicher (externer) **Szenarien** zur Absicherung von Abweichungen gegenüber wahrscheinlichen Prognosen	☐	☐	☐	☐	☐
☐	☐	☐	☐	15. Entwicklung **verschiedener Alternativen** (Vermeidung einseitiger Strategien)	☐	☐	☐	☐	☐
☐	☐	☐	☐	16. **Ganzheitliche Bewertung** der Strategie anhand **quantitativer** und **qualitativer** Kriterien	☐	☐	☐	☐	☐
☐	☐	☐	☐	17. Abschätzung finanzieller Auswirkungen der strategischen Alternativen in **Modellrechnungen**	☐	☐	☐	☐	☐
☐	☐	☐	☐	18. Eigenständige **Risikoanalyse** bezogen auf beantragte **Strategie** durch VR	☐	☐	☐	☐	☐

dringender und wichtiger Handlungsbedarf:

mittelfristige Verbesserungspotenziale:

Selbstevaluation zum Thema:
4. VR & GL-Zusammenarbeit

Wichtigkeit					Zufriedenheit				
sehr wichtig	wichtig	unwichtig	völlig unwichtig		sehr zufrieden	zufrieden	unzufrieden	sehr unzufrieden	nicht relevant
☐	☐	☐	☐	1. **Form** der **Berichterstattung** für VR: rechtzeitig und zweckmässig	☐	☐	☐	☐	☐
☐	☐	☐	☐	2. **Inhalt** der **Berichterstattung** für VR: aussagefähig und umfassend (inkl. qualitative, externe und zukunftsbezogene Informationen)	☐	☐	☐	☐	☐
☐	☐	☐	☐	3. **Offener** und **zeitnaher Informationsaustausch** zwischen VR und GL	☐	☐	☐	☐	☐
☐	☐	☐	☐	4. Klare, optimale **Rollenaufteilung** zwischen **VRP** und **CEO**	☐	☐	☐	☐	☐
☐	☐	☐	☐	5. **Beziehung** zwischen **VRP** und **CEO** beruht auf **Offenheit** und gegenseitigem **Respekt**	☐	☐	☐	☐	☐
☐	☐	☐	☐	6. Aktives **Coaching** des CEO durch **VRP**	☐	☐	☐	☐	☐
☐	☐	☐	☐	7. **VR-Präsident**: professionelle und zielorientierte **Sitzungsführung**	☐	☐	☐	☐	☐
☐	☐	☐	☐	8. Angemessene **Traktandierung** der VR-Sitzungen (v.a. auch für **strategische Themen**)	☐	☐	☐	☐	☐
☐	☐	☐	☐	9. Klare, gemeinsam definierte und gelebte **Kooperationsregeln** im VR	☐	☐	☐	☐	☐
☐	☐	☐	☐	10. Offene und aktiv gepflegte **Vertrauenskultur** innerhalb VR	☐	☐	☐	☐	☐
☐	☐	☐	☐	11. Offene und aktiv gepflegte **Vertrauenskultur** zwischen **VR und GL**	☐	☐	☐	☐	☐
☐	☐	☐	☐	12. Kritisch-konstruktive **Gespräche** im VR und zwischen **VR und GL**	☐	☐	☐	☐	☐
☐	☐	☐	☐	13. **Strategischer Dialog** im VR erfolgt in **offenem Diskurs** und **systematischer Entscheidungsfindung**	☐	☐	☐	☐	☐
☐	☐	☐	☐	14. **Starker Konsens** im VR bei Strategieentscheiden	☐	☐	☐	☐	☐
☐	☐	☐	☐	15. Offene, ehrliche **Entscheidungskultur**	☐	☐	☐	☐	☐
☐	☐	☐	☐	16. VR-Mitglieder tragen **gefällte Entscheide loyal** und **aktiv** mit	☐	☐	☐	☐	☐
☐	☐	☐	☐	17. Regelmässige **Evaluation** und offene **Feedbackgespräche** im **VR-Team**	☐	☐	☐	☐	☐
☐	☐	☐	☐	18. Regelmässige **Evaluation** und offene **Feedbackgespräche** des **VR mit GL**	☐	☐	☐	☐	☐
☐	☐	☐	☐	19. situative Komponente:	☐	☐	☐	☐	☐
☐	☐	☐	☐	20. situative Komponente:	☐	☐	☐	☐	☐

dringender und wichtiger Handlungsbedarf:

mittelfristige Verbesserungspotenziale:

Wichtigkeit	Selbstevaluation zum Thema: **5. Strategie**	Zufriedenheit
sehr wichtig / wichtig / unwichtig / völlig unwichtig		sehr zufrieden / zufrieden / unzufrieden / sehr unzufrieden / nicht relevant
☐ ☐ ☐ ☐	1. Strategie in einem **prägnanten Dokument** formuliert	☐ ☐ ☐ ☐ ☐
☐ ☐ ☐ ☐	2. Strategie liefert klare **Antwort auf** die Hauptpunkte der **SWOT-Analyse**	☐ ☐ ☐ ☐ ☐
☐ ☐ ☐ ☐	3. Strategie zeigt auf, was das KMU in Zukunft sein will **(Positionierung)** und welche groben **Stossrichtungen** dazu eingeschlagen werden	☐ ☐ ☐ ☐ ☐
☐ ☐ ☐ ☐	4. Zukünftige **Schlüsselprozesse** und **Kernkompetenzen** klar definiert und kongruent mit angestrebter **Positionierung**	☐ ☐ ☐ ☐ ☐
☐ ☐ ☐ ☐	5. Mittel-/langfristige (quantitative & qualitative) **strategische Ziele** formuliert	☐ ☐ ☐ ☐ ☐
☐ ☐ ☐ ☐	6. Strategie ist in sich **widerspruchsfrei**. Stossrichtungen stimmen mit strategischen Zielen überein	☐ ☐ ☐ ☐ ☐
☐ ☐ ☐ ☐	7. Strategische **Ziele** erscheinen **realisierbar**	☐ ☐ ☐ ☐ ☐
☐ ☐ ☐ ☐	8. **Umsetzungsmassnahmen** aus Strategie klar ableitbar	☐ ☐ ☐ ☐ ☐
☐ ☐ ☐ ☐	9. Strategie **erfüllt** Vorgaben aus **VR-Leitplanken** und **Eignerstrategie**	☐ ☐ ☐ ☐ ☐
☐ ☐ ☐ ☐	10. **Unternehmensstrategie** (Geschäftsbereiche, Logik/Synergien) klar	☐ ☐ ☐ ☐ ☐
☐ ☐ ☐ ☐	11. Strategie strebt **einzigartige Positionierung** dank klarer **Spezialisierung** und **Konzentration der Kräfte** an	☐ ☐ ☐ ☐ ☐
☐ ☐ ☐ ☐	12. Strategie beinhaltet klare **Verzichtsentscheide** («Trade-offs»)	☐ ☐ ☐ ☐ ☐
☐ ☐ ☐ ☐	13. Geplante **Organisationsentwicklung** auf zukünftige Strategie ausgerichtet	☐ ☐ ☐ ☐ ☐
☐ ☐ ☐ ☐	14. Organisationsbezogene Stossrichtungen umfassen **harte** und **weiche Faktoren**	☐ ☐ ☐ ☐ ☐
☐ ☐ ☐ ☐	15. **Liste/Portfolio** mit mittel- und langfristigen **Innovations- und Investitionsprojekten** vorhanden	☐ ☐ ☐ ☐ ☐
☐ ☐ ☐ ☐	16. Stossrichtungen und Projekte sichern zukünftige **operative Exzellenz und nachhaltige Strategie**	☐ ☐ ☐ ☐ ☐
☐ ☐ ☐ ☐	17. Innovations-/Investitionsprojekte mit unsicherem Ausgang: **Meilensteine** zur Überprüfung der Annahmen und des Erfolgsfortschritts gesetzt	☐ ☐ ☐ ☐ ☐
☐ ☐ ☐ ☐	18. **Strategie** ist **robust** gegenüber **Worst-Case-Szenario** bzw. **Hauptrisiken** (=> tragbare, nicht existenzbedrohende Auswirkungen)	☐ ☐ ☐ ☐ ☐
☐ ☐ ☐ ☐	19. situative Komponente:	☐ ☐ ☐ ☐ ☐
☐ ☐ ☐ ☐	20. situative Komponente:	☐ ☐ ☐ ☐ ☐

dringender und wichtiger Handlungsbedarf:

mittelfristige Verbesserungspotenziale:

6. Checkliste zur Sitzungsführung durch den VR-Präsidenten[98]

Gemäss Dubs (2006) liegt es in der Verantwortung des VR-Präsidenten, eine zielstrebige, straffe und flexible Sitzung zu leiten. Die wichtigsten Verhaltensweisen dazu sind:

Zielstrebige Sitzungsführung:

☐ Diskussion in Gang halten (z.b. Fragen stellen, Mitglieder zu Stellungnahmen aufrufen)

☐ Abschweifungen vom Thema und Langatmigkeit unterbinden

☐ Traktanden mit Zusammenfassung, Antrag oder Auftrag abschliessen

Straffe Sitzungsführung:

☐ gute Strukturierung der Traktanden (zielstrebige Einleitung, Definition der Aufgabe, prägnante Zwischenfazits, Schlussfolgerungen als klare Voraussetzungen für Abstimmungen oder Beschlüsse)

☐ das Wort in der Reihenfolge der Wortmeldungen erteilen

☐ für gute Gesprächskultur sorgen (z.B. Langredner unterbrechen, Zwischenbemerkungen unterbinden, Angriffe auf Personen versachlichen, Spott und Sarkasmus unterbinden)

☐ für verständliche Debatte sorgen (unklare Aussagen präzisieren bzw. klären lassen)

☐ Scheinargumente und Denkfehler taktvoll aufdecken (z.b. falsche Schlüsse, unzulässige Verallgemeinerungen oder Analogieschlüsse sofort richtig stellen)

Flexible Sitzungsführung:

☐ mit verschiedenen Teilnehmertypen situativ umgehen (z.b. Alleswisser durch schwierige Fragen bremsen, Redselige taktvoll unterbrechen, Zurückhaltende zu Stellungnahmen auffordern, Kritiker zu begründeten Meinungsäusserungen herausfordern, Minderheiten einbringen)

☐ alle Meinungen zum Ausdruck kommen lassen, Diskussion jedoch abschliessen wenn die wesentlichen Argumente eingebracht sind

☐ im richtigen Zeitpunkt zu den Schlussfolgerungen gelangen und in geeigneter Form abstimmen lassen

---

98 Zusammenfassung aus Dubs (2006, S. 45–47)

7. Aufgaben/Kompetenz-Matrix auf VR- & GL-Ebene

Wer? \ Bereich	Markt International	Produktion	Innovation	Finanz	Risiko + Legal	HRM (VR+GL)	Strategie	Führung des VR+ CEO	...
Verwaltungsrat:									
VR1 (Präsident)						X	X	XX	
VR2 (Delegierter)		XX	X	X	X	X	X		
VR3 (Name)	X			X		X			
VR4 (Name)						X			
VR-Sekretär					XX				
Geschäftsleitung:									
GL1 (CEO)	XX								
GL2 (Name)		XX							
GL3 (Name)		X			X				
GL4 (Name)			X			X			
GL5 (Name)				XX					
Ausschuss:									
Externer 1 (Name)			XX			XX			
Externer 2 (Name)									
Kompetenzlücken:							O		

Aufgaber: ▢ zugeordneter Bereich ▨ Ausschuss

Kompetenzen: XX = Spezialist («Experte») X = besitzt Fachwissen
O = Kompetenzlücke (d.h. Bereich ist nicht genügend durch VR/GL/Ausschüsse abgedeckt)

Massnahmen:

Vorgehen:
- Tragen Sie die den einzelnen VR- und GL-Mitgliedern zuzuordnenden Aufgaben ein (hellgrau bzw. dunkelgrau schattiert)
- Ordnen Sie die vorhanden unternehmensrelevanten (strategischen) Kompetenzen zu (XX oder X)
- Markieren Sie jene Bereichen mit einer Kompetenzlücke mit O
- Leiten Sie anschliessend Massnahmen zur Schliessung vorhandener Lücken ab (über Entwicklung oder Rekrutierung von VR-, GL- oder externer Ausschussmitglieder)

8. VR-Leitplanken: Muster für strategische Richtlinien

(Eigenes Dokument «Strategische Richtlinien» oder als Teil eines VR-Sitzungsprotokolls)

Der Verwaltungsrat erteilt der Geschäftsleitung den Auftrag, einen Vorschlag für eine langfristige Unternehmensstrategie auszuarbeiten. Dabei sind folgende **strategische Richtlinien** zu berücksichtigen:

- **Planungsparameter:** Ausarbeitung von drei möglichst unterschiedlichen Alternativen, je mit einer mittelfristigen (4 Jahre) und langfristigen (7 Jahre) Perspektive. Vornahme einer Planrechnung (mit Auswirkung auf ROA und EBIT) für jede der drei Alternativen.
- **Produkt/Marktvorgaben:** folgende Produkte und Märkte sind dabei besonders zu fördern ...
- **Risiko:** Zum Abbau unser Abhängigkeit vom XY-Geschäft darf dieses mittelfristig nur noch <50% am Gesamtumsatz betragen.
- **Trade-offs:** keine Tätigkeiten im Rüstungsgeschäft.
- **Unternehmensstruktur:** Wahrung der Eigenständigkeit, keine Übernahmen.
- **Mitarbeiter/Kompetenzen:** Berücksichtigung der in den Führungsgrundsätzen formulierten Personalentwicklungspolitik (insbesondere Sicherung der Fachkompetenzen in den Bereichen XY, XZ)

Checklisten 171

9. Prozess «Grundsätzliche Strategieerarbeitung» für XY-AG

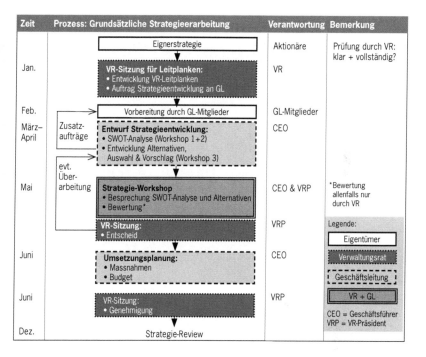

10. Prozess «Strategie-Review» für XY-AG

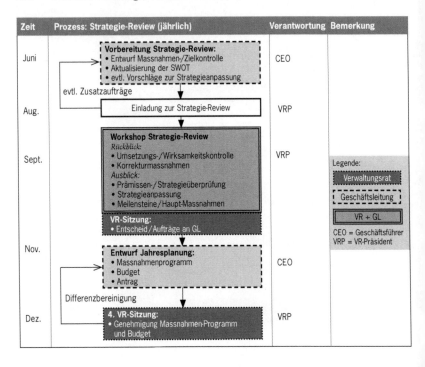

11. Strategie-Review: Muster für eine Einladung mit Programm[99]

Datum / Zeit: 10. Oktober (Beginn 12.00 Uhr) und 11. Oktober (Schluss 13.30 Uhr) (anschliessend VR-Sitzung 13.30 – 16.00 Uhr)

Ort: Seminarhotel Seeblick, Musterwil

Teilnehmer:
Herr ... (VR-Präsident / Vorsitz)
Frau ... (VR-Vizepräsidentin)
Herr ... (VR-Mitglied)
Frau ... (VR-Sekretärin)
Herr ... (CEO)
Herr ... (CFO)
Frau ... (Personalverantwortliche)
Herr ... (Produktionsleiter)

Referenten: Frau Prof. Dr. ... (Branchenexpertin)

Sehr geehrte Damen und Herren

Hiermit lade ich Sie zu unserer *jährlichen* Strategie-Review ein. Nachdem wir letztes Jahr mit Hilfe des KMU*STAR-Navigators unsere Strategie grundlegend überarbeitet haben, wollen wir diese nun ganzheitlich überprüfen. Konkrete Ziele der Tagung:

- gemeinsame Überprüfung der erfolgten Massnahmen zur Umsetzung unser Strategie «Top 2020»
- gemeinsame Kontrolle der Zielerreichung
- gemeinsame Überprüfung der Ausgangsprämissen und der Gültigkeit der letztjährig verabschiedeten Strategie
- Vornahme allfälliger Strategieanpassungen.

---

[99] in Anlehnung an Müller et al. (2014, S. 844–846)

Die Strategie-Review bildet die Grundlage für die anschliessende Jahresplanung.

Mit freundlichen Grüssen
XY, VR-Präsident

Beilagen:
- Umsetzungs- und Wirksamkeitskontrolle der GL (Schritt 6 aus KMU*STAR)
- aktualisierte SWOT-Analyse der GL mit Vorschlägen zur Strategieanpassung (Schritt 1.8, 2.8 und 3.9 aus KMU*STAR)

Traktanden:

10. Oktober

12.00	Eintreffen, gemeinsames Mittagessen
14.00	– Begrüssung – Zielsetzung – Programm (VRP) – Hinweise zur Eignerstrategie und zu den VR-Leitplanken VRP)
14.30	– Präsentation & Diskussion der Massnahmen- und Zielkontrolle (gemäss KMU*STAR, Schritte 6.1-6.4) (CEO) – Ableitung allfälliger Korrekturmassnahmen in der Umsetzung
16.00	*Pause*
16.30	– Gastreferat von Frau Prof. XY zu den neusten Trends in der ..-Branche mit Diskussion.
17.30	– Präsentation & Diskussion aktualisierte SWOT-Analyse (CEO)
19.00	*Abendessen und offener Austausch (inkl. Gast)*

11. Oktober

08.30	– Rekapitulation des Vortags (VRP) – Präsentation des GL-Vorschlags zur Strategieanpassung (CEO) – Gemeinsame Ableitung der strategischen Konsequenzen aus der aktualisierten SWOT-Analyse (VRP)
10.00	*Pause*
10.30	– Festlegung der notwendigen Strategieanpassung und der mittelfristigen strategischen Stossrichtungen (KMU*STAR, Schritt .8 und 3.9) – Ableitung der nächsten Meilensteine und Haupt-Massnahmen
12.00	*gemeinsames Mittagessen und Abschluss*
13.30	*Ende und Beginn der VR-Sitzung*

Danksagung

Der hier vorgestellte Leitfaden ist das Resultat mehrjähriger Forschungs- und Beratungsprojekte. Der Autor möchte sich insbesondere bei folgenden Personen für ihre grosszügige Unterstützung bedanken:

- Prof. Dr. Martin Hilb für die vielen lehrreichen und motivierenden Gespräche, für seine grosszügige Unterstützung sowie seine inspirierende, ganzheitlich-integrative Betrachtung des Themas

- Prof. Dr. Roland Müller für die intensiven, engagierten Diskussionen und vielen Tipps und Ratschläge zum Strategieprozess in KMU

- dipl. Ing. Klaus Wernigk, der mich an seinem reichen Erfahrungsschatz aus seiner über 40-jährigen Tätigkeit als Strategieberater und Verwaltungsrat vieler KMU teilhaben liess

- Dr. Fritz Forrer für die professionelle und zielorientierte Zusammenarbeit bei der Begleitung vieler KMU in ihrer Strategieentwicklung und -umsetzung und für seine konstruktive Offenheit bei der Lektüre des Manuskripts

- Claudio Emch (MSc IM) für seine sehr sorgfältige und kritische Durchsicht des Manuskripts

- den 252 VR- und GL-Mitgliedern für ihre Teilnahme bei der schriftlichen Online-Umfrage des International Center for Corporate Governance (ICFCG) zum Entwicklungsstand der strategischen Führung in Schweizer KMU

- den 55 Interviewpartnern (in ihrer Rolle als Governance-Experte, VR-Präsident, CEO, VR-Mitglied oder GL-Mitglied), die in äusserst aufschlussreichen Gesprächen ihre Praxiserfahrung im Bereich Strategie mit mir teilten

- den Vertretern der über hundert KMU, welche ich im Laufe der letzten Jahre in ihrem Strategieprozess begleiten durfte und die meinen Erkenntnisstand zum Thema immer wieder auf den Prüfstand stellten.

Literaturverzeichnis

Ansoff, H. I. / McDonnell, E. (1990): Implanting Strategic Management. 2nd edition, New York / London

Bhagat, C., Hirt, M., & Kehoe, C. (2013). Tapping the strategic potential of boards. The McKinsey Quarterly, (1), 91.

Böckli, P. (2005): Vertrauen an der Unternehmensspitze. NZZ 27.8.05, 31–32

Böckli, P. (1994): Die unentziehbaren Kernkompetenzen des Verwaltungsrates. Schriften zum neuen Aktienrecht Nr. 7, Zürich, 22.

Brönnimann, T. (2003): Corporate Governance und die Organisation des Verwaltungsrates. Haupt, Bern

Brunninge, O., Nordqvist, M., & Wiklund, J. (2007). Corporate governance and strategic change in SMEs: The effects of ownership, board composition and top management teams. Small Business Economics, 29(3), 295–308.

Buob, F. (2002). Verwaltungsrat und Geschäftsleitung – Funktionen und Aufgaben. In: Handbuch für den Verwaltungsrat. Bilanz, 2002, 11–29

Calabrò, A., & Mussolino, D. (2013). How do boards of directors contribute to family SME export intensity? the role of formal and informal governance mechanisms. Journal of Management & Governance, 17(2), 363–403.

Carter, C.B. / Lorsch, J.W. (2004): Back to the Drawing Board: Designing Corporate Boards for a Complex World. Harvard Business Press, Boston.

Dubs, R. 2006, «Verwaltungsrats-Sitzungen – Grundlegung und Sitzungstechnik», Bern:Haupt

Eppler, M. / Hoffmann, F. / Pfister, R. (2014): Creability. Schäffer-Poeschel, Stuttgart.

Eppler, M. / Mengis, J.(2011): Management Atlas. Hanser, München.

Finkelstein, S., & Mooney, A. C. (2003). Not the usual suspects: How to use board process to make boards better. The Academy of Management Executive, 17(2), 101–113.

Friedrich, K./Malik, F./Seiwert, L (2009, 13. Auflage): Das grosse 1x1 der Erfolgsstrategie. Gabal Hamburg.

Garratt, B. (2003): Thin on Top – Why Corporate Governance Matters and How to Measure and Improve Board Performance. London.

Golden, B. R., & Zajac, E. J. (2001). When will boards influence strategy? inclination times power equals strategic change. Strategic Management Journal, 22(12), 1087–1111.

Griesbach, D. (2007): The role of information in the strategic decision-making for swiss board of directors. Master Thesis (SIM), Master of Arts in Strategy and International Management (SIM), University of St. Gallen.

Gunther McGrath, R./MacMillan, I. (2009): Discovery-Driven Planning. Harvard, Boston.

Hendry, K. P., Kiel, G. C., & Nicholson, G. (2010). How boards strategise: A strategy as practice view. Long Range Planning, 43(1), 33.

Hilb, M. (2012): New Corporate Governance, 4th Edition, Berlin-Springer.

Hilb, M. (2010). Integrierte Corporate Governance. 4. Auflage, Berlin-Springer.

Hilb, M. (2007): Neues integriertes Konzept der VR-, GL- und Personal-Honorierung.Haupt, Bern.

Huber, R., Hitchman R. (2011). 3. Hitchman Executive Panel, Roy Hitchman AG, 1–59

ICfCG (2009). «Best Practice im KMU (PB-KMU): Empfehlungen zur Führung und Aufsicht von kleinen und mittleren Unternehmen», St. Gallen: International Center for Corporate Governance (vormals: IFPM-HSG Center for Corporate Governance der Universität St.Gallen).

Kenny, G. (2012). A Board's Role in Strategic Planning. Public Accountants (December / January), 27–28

Klein, G. (2007): Performing a Project Premortem. In: Harvard Business Review, September 2007, S. 18–19

Lombriser, R. (2013): Strategie auf VR- und GL-Ebene in Schweizer KMU – Auswertung der Umfrage des IFPM-HSG Center for Corporate Governance, Universität St. Gallen

Lombriser, R., Abplanalp, P., Wernigk, K. (2011, 2. Auflage): Strategien für KMU – Entwicklung und Umsetzung mit dem KMU*STAR-Navigator. Versus, Zürich.

Lombriser, R., Abplanalp, P. (2010, 5. Auflage): Strategisches Management: Visionen entwickeln – Erfolgspotenziale aufbauen – Strategien umsetzen. Versus-Verlag, Zürich.

Lorenz, B. (2012): Erwartungen des CEO an den VR-Präsidenten. In: CEO – von der Strategie zum Unternehmenserfolg. Scorecard, 11.

Lorsch, J.W., Clark, R.C. (2008). Leading from the Boardroom. Harvard Business Review. April 2008, 1–7 (Online-Edition).

Lovallo, D. & Sibony, O., (2010). «The case for behavioral strategy», In: McKinsey Quarterly, March 2010, p.1–16 (Online-Edition)

Malik, F. (2012): Corporate Governance – schlechte Lösung des falschen Problems. In: Verwaltungsrat – New Corporate Governance. Scorecard, 27.

Malik, F. (2002): Die Neue Corporate Governance. Frankfurter Allgemeine Buch, Frankfurt.

Malik, F. (2000): Führen – Leisten – Leben. Wirksames Management für eine neue Zeit. München, DVA.

Mintzberg, H./Ahlstrand, B./Lampel, J. (1999): Strategy Safari, Free Press/New York

Mommendey, F. (1994, 2. Auflage): Einführung in das Aktienrecht der Schweiz. Tobler-Verlag, Altstätten.

Müller, R., Lipp, L., Plüss, A.(2014.): Der Verwaltungsrat – Ein Handbuch für Theorie und Praxis. Schulthess Verlag, Zürich.

Müller, R. (2013). HR-Committees: Bedeutung von Nominierungs- und Entschädigungsausschüssen auf Stufe Verwaltungsrat. AJP/PJA 3/2013, 315–326

Müller, R. (2012). Die Rolle von VR-Präsident und VR-Sekretär. Scorecard, 19

Müller, R. (2003). Corporate Governance und KMU. Skript für die Board Management School 2003, www.advocat.ch, 1–18

Nadler, D.A. 2004, «What's the board's role in strategy development?: Engaging the board in corporate strategy», Strategy & Leadership, vol. 32, no. 5, pp. 25–33.

O'Connell, V., Cramer, N. (2010). The relationship between firm performance and board characteristics in Ireland. European Management Journal (2010), 28, 387–399

Porter, M.E. (1997): Nur Strategie sichert auf Dauer hohe Erträge, Harvard Manager 3/1997, 42–58

Pugliese, A., & Wenstop, P. Z. (2007). Board members' contribution to strategic decision-making in small firms. Journal of Management and Governance, 11(4), 383–404.

Pümpin, C. (1990). Eignerstrategien. Schweizerische Arbeitgeber-Zeitung. Sonderdruck. 15. November 1990.

Pümpin, C. (1992). Management strategischer Erfolgspositionen. Haupt, Bern.

Rytz, R. (2012): Traumpaar an der Unternehmensspitze. In: Verwaltungsrat – New Corporate Governance. Scorecard, 18.

Rytz, R. (2002). Die strategische Führungsrolle des Verwaltungsrates. In: Handbuch für den Verwaltungsrat. Bilanz, 2002, 127–151

Senge,P.: (2011, 11. Auflage). Die fünfte Disziplin: Kunst und Praxis der lernenden Organisation. Schäffer-Poeschel, 287–288

Schmutz, C.G. (2013). «Kompetenz statt Prominenz», Neue Zürcher Zeitung, 18.4.2013, S. 32–33.

Schneider, B. (2002): Was erwarte ich von einem externen Verwaltungsrat eines KMU an strategischer, organisatorischer und führungsmässiger Unterstützung? In: Aufgaben und Rollen des externen Verwaltungsrats in KMU, IHK St. Gallen-Appenzell, S. 9–21.

Simon, H. (2012): Hidden Champions – Aufbruch nach Globalia: Die Erfolgsstrategien unbekannter Weltmarktführer, Campus Verlag, Deutschland.

Wehrli, P./Mountfield, A. (2007): Damit verbringen Schweizer Manager wirklich ihre Zeit. In: io new management 76 (2007) 3, S. 30–33.

Zook, C. (2004): Beyond the Core: Expand Your Market Without Abandoning Your Roots. Boston.

Zum Autor

Prof. Dr. Roman Lombriser ist seit 1993 Lehrbeauftragter an der Universität St. Gallen in den Bereichen BWL und Corporate Governance. Von 1995 bis 2005 war er Leiter der Unternehmensberatung am dortigen Institut für Führung und Personalmanagement. Seit 2008 ist er hauptamtlicher Professor für Strategisches Management an der Fachhochschule Nordwestschweiz (FHNW) und forscht am dortigen Institut für Unternehmensführung (IfU) in der Bereichen Strategie, Business Innovation und Corporate Governance. Zudem ist es Partner am International Center for Corporate Governance für den Bereich «Strategic Direction».

Roman Lombriser doktorierte bei Igor Ansoff (San Diego, USA) und arbeitete anschliessend während 7 Jahren bei Ansoff Associates als Strategieberater. Er begleitet seit über 20 Jahre Unternehmen (insbesondere KMU) in der Entwicklung und Umsetzung von Strategien. Dabei unterstützt er die KMU auch in der strategischen Rollenaufteilung und Zusammenarbeit zwischen VR und GL.

Seit 2008 ist er als Partner und VR-Präsident bei Forrer Lombriser & Partner (Strategie- und Projektmanagement, St. Gallen) tätig. Seinen beruflichen Werdegang begann er mit einer Banklehre. Er ist Autor und Herausgeber mehrerer Bücher, u.a. des Standardwerks «Strategisches Management» (zusammen mit Peter Abplanalp).